昭和の民俗と世相

① 三村幸一が写した大阪・兵庫

編者　大阪歴史博物館
関西大学なにわ大阪研究センター

昭和39（1964）年の神戸市多聞寺の鬼追い式

清文堂

序　―白眉の郷土文献―

肥田　晧三

三村幸一氏は、文楽人形芝居を専門に撮影しておられる写真家だと、長年のあいだなんとはなしにそう思っていました。昭和三十年代から以後の、郷土の民俗行事と町の風俗を精力的に取材しておられたことを、このたびの写真集ではじめて知りました。そこに捉えられた、晴れの日と普段の暮らしに向ける三村さんの迫力ある視点、見事な作品群に驚きの眼を見張りました。今から六十年、五十年以前の我々の経てきた昭和の生活は、米寿の老人になった私には、実際に見聞した世界なので、めづらしいとか懐しいという感はそんなに無いのですが、一時代を切り取った光彩のある数々の構図を、さすがにと感慨をもって眺めました。ましてや戦後生まれの読者諸氏にとっては、ここに写し取られたかけがえのない瞬間『昭和の民俗と世相』に、おそらく歴史の証言に接する思いをされるのではないでしょうか。後世に伝うべき必須の郷土文献の出版をよろこんでいます。

（元関西大学教授）

目次

目次

Ⅱ　兵庫県

装幀／森本良成

凡例

・本書に収録されている写真は、大阪歴史博物館が所蔵する三村幸一撮影写真資料のモノクロネガフィルムのうち、昭和二十八年から四十三年（一九五三〜六八）に撮影した祭りや民俗行事の写真を選び出し、解説を加えたものである。

・ネガフィルムのデジタル化作業は、関西大学大阪都市遺産研究センター（文部科学省私立大学戦略的研究基盤形成支援事業　平成二十二〜二十六年度）で行なったが、同センターは、二〇一五年三月に活動を終了しているため、本書の編集は、その後継機関の関西大学なにわ大阪研究センターと大阪歴史博物館が共同で行なった。

・デジタル化の際、ほこりの除去や露出の調整を行なったが、トリミングなどの原資料を大きく変更する加工はしていない。

・各写真に付した撮影年月日は、三村幸一撮影写真資料が収められているアルバムの巻頭にある三村自身が記録したインデックスに基づいている。インデックスに撮影年の記載がなく、月日だけが記されている場合や、撮影年だけで月日が記されていない場合は、その前後の写真などから撮影年月日を推定した。なお、撮影当時の祭り・行事の日程が、現在とは異なっている場合がある。

〈編集・執筆〉

澤井　浩一（大阪歴史博物館学芸員）

黒田　一充（関西大学文学部教授）

吉野　なつこ（関西大学大学院博士課程後期課程単位取得、元関西大学大阪都市遺産研究センターリサーチ・アシスタント）

〈項目解説執筆〉

黒田　一充・森本　安紀・越智みや子・藤岡　真衣・吉野なつこ・齊藤　冬華・澤井　浩一・松田　良弘

掲載にあたっては、黒田一充が文章の補足・修正を行なった。

I

大阪府

大阪府

大阪を拠点としていた三村幸一撮影の写真のなかから、ここでは戦後から高度成長期の大阪の祭り・民俗行事を中心にそこに一緒に写し出された当時の景観や風俗などもご紹介します。

冒頭には、愛染祭に始まり、天神祭でクライマックスを迎えて住吉祭で終わるといわれる大阪市内の夏祭りを特集しています。また大阪市内では、「どやどや」や聖霊会などの四天王寺の法会・行事をまとめて掲載しました。難波八阪神社の綱引神事の行列が通る千日前の繁華街などでは、都市大阪のひと昔前の姿が写し出されています。

後半は大阪市以外の大阪府内の祭りと行事です。現在も伝統的な行事が多く残る能勢地域は特集でご紹介します。すでに行なわれなくなったコムシなどの行事は貴重な記録です。泉州地域では、この地域に特徴的な、雨乞踊り系のこおどりなどの民俗芸能を収録しました。また、池田のがんがら火など、祭りの継続性と変化がわかる写真も多くあり、豊中市のお多福さんの簪祈願といった撮影当時に始まったばかりの祭りも掲載しました。

〈大阪市　夏〉

天神祭で、先頭を行く猿田彦｜昭和 28（1953）**年 7 月 25 日**

大阪市北区

　大阪を代表する夏祭りの天神祭から、撮影当時の街並みがわかる作品を紹介します。

　陸渡御の先頭を行く馬に乗った猿田彦が、後ろの行列を待っている写真です。場所は、今はアーケードになっている天神橋筋商店街です。天神橋 1 丁目の北側で、画面奥にみえる「参詣道」の辻が 2 丁目との境で、右に曲がると大阪天満宮の表門に出ます。

大阪天満宮参詣風景｜昭和 28（1953）**年**

大阪天満宮参詣風景｜昭和 28（1953）**年**

上の写真に見えるのは大阪天満宮の北の鳥居です。下の写真は、同じ場所から西向きに撮影したものです。

現在の天満天神繁昌亭前にあたり、左手の天満温泉は駐車場になっています。

催し太鼓　大阪天満宮境内｜昭和 28（1953）**年**

7月 25 日の本宮で、陸渡御の先頭を行く催太鼓が境内で奉納されます。赤い投頭巾の願人が上に乗り、浴衣姿の役員たちが周囲に立っています。

天神橋付近の奉拝船｜昭和 29（1954）**年**

船渡御見物をする岸辺や船上の人びとが写っています。その後ろを走る京阪電車 1700 系特急は、テレビを備えていたため、「テレビカー」とよばれました。

大阪天満宮・天神祭…大阪市北区

大阪天満宮境内に展示された御迎船人形｜昭和 40（1965）年

御迎人形船　鯛｜昭和 38（1963）年

愛染祭　勝鬘院　境内福笹の授与｜昭和 36（1961）**年 7 月 1 日**

大阪市天王寺区

　大阪の夏祭りの始まりを告げる愛染祭です。宝恵駕籠行列が有名ですが、三村は祭りの風景として、笹の授与や露店の様子を撮っています。

6 ～ 7 ページ

船渡御　橋上の見物人　大阪城を望む｜昭和 29（1954）**年 7 月 25 日**

　天神祭の船渡御は、もともと大川を下って松島の御旅所へ向かっていました。しかし、地盤沈下のために神輿を載せた船が橋をくぐることができなくなり、昭和 28（1953）年から現在のように上流の桜宮方面へ向かうようになりました。三村はこの年から、御《ご》鳳輦《ほうれん》奉安船や奉拝船に乗って祭りを撮影しています。この写真は、天神橋をくぐる船上から撮ったものです。現在は建物のため、大阪城は見えません。

杭全神社・夏祭…大阪市平野区

前ページ

杭全神社　夏祭　市町のだんじり｜昭和 29（1954）**年 7 月 11～14 日**

大阪市平野区

だんじり祭りとして有名な祭礼です。旧平野郷から 9 基のだんじりが出されます。7 月 11 日は「川行き」で、神輿の足洗いと神遷しの行事、12・13 日にだんじりの巡行があります。とくに 13 日夜のだんじり宮入りには多くの人出があり、だんじりを傾けて回転させる「舞い舞い」などに見物人が熱狂します。14 日は布団太鼓の巡行と神輿渡御が行なわれ、各町が順番に当番町をつとめて奉仕します。

御霊神社　夏祭　枕太鼓｜昭和 38（1963）**年 7 月 16 日**

大阪市中央区

神輿渡御の先頭を行く猿田彦｜昭和 38（1963）**年**

次ページ

海老江八坂神社　夏祭｜昭和 36（1961）**年 7 月 18 日**

大阪市福島区

賣
西村
店
花火

海老江八坂神社・夏祭…大阪市福島区

たばこ

露天神社・夏祭…大阪市北区

難波神社　夏祭　大獅子｜昭和 35（1960）年 7 月 21 日

大阪市中央区

現在の難波神社の夏祭りは、氷室祭として氷を供える神事となっていますが、江戸時代は御旅所への壮麗な渡御行列で知られていました。明治時代の渡御行列には、大きな獅子頭が参加しました。大阪市内の夏祭りには、多くの神社で獅子舞が奉納されますが、かつては難波神社でも出ていたことが、この写真から確認できます。

前ページ

露天《つゆのてん》神社　夏祭　太鼓巡行｜昭和 35（1960）年 7 月 19 日

大阪市北区

写真は、「お初天神」の名で広く知られている露天神社の役太鼓です。夏祭りの主役として、7 月 20 日（現在は第 3 土曜）の本宮には、朝から獅子舞・お囃子・傘踊りの一団とともにキタの町を巡ります。途中で、赤烏帽子姿の打ち子を乗せたまま、太鼓台をコマのように回転させる「回し」を披露します。場所は、曽根崎 2 丁目付近です。

難波神社　夏祭　獅子舞｜昭和 36（1961）年

次ページ
難波神社　夏祭　神輿｜昭和 36（1961）年

献燈

難波神社・夏祭…大阪市中央区

廣田神社　夏祭　提灯をつけた太鼓台と布団太鼓｜昭和 36（1961）**年 7 月 23 日**
大阪市浪速区

廣田神社　夏祭の神輿と提灯をつけた太鼓台｜昭和 36（1961）**年**

火《ひ》防《ぶせ》陶器神社　せともの祭りの露店｜昭和 36（1961）**年 7 月 21～23 日**

大阪市中央区

　戦争の空襲で社殿が焼失した火防陶器神社は、昭和 26（1951）年に西横堀浜（西区）で再建されました。夏のせともの祭（陶器祭）には、西横堀筋の瀬戸物町を中心とした瀬戸物市が催され、天神祭とならぶ大阪の夏の風物詩として多くの人で賑わいました。阪神高速道路の建設で、火防陶器神社は現在地の坐摩神社（中央区）境内に遷されました。

火防陶器神社　せともの祭り　「助六由縁江戸桜」| 昭和 40（1965）年

火防陶器神社　せともの祭り　「鏡獅子」| 昭和 36（1961）年

坐摩神社では、7月21日から23日まで、末社・火防陶器神社のせともの祭が行なわれています。この祭りには、芝居や映画・新聞小説の一場面など、毎年趣向をこらした瀬戸物一式の造り物（陶器人形）が展示されました。現在は、常設の「万歳楽」や「娘道成寺」の人形だけが飾られています。

火防陶器神社　せともの祭り　『風神の門』｜昭和 36（1961）年

　この当時、『大阪新聞』に連載中だった司馬遼太郎の歴史小説『風神の門』をモデルにした造り物です。後には NHK 大河ドラマなどテレビ時代劇の人形を造ることが定番になりました。

住吉大社　住吉祭　反橋（太鼓橋）を渡る神輿
｜昭和 35（1960）年 8 月 1 日

大阪市住吉区

住吉大社では、8月1日に堺の宿院頓宮へ神輿の渡御が行なわれます。出発時に反橋（太鼓橋）の上を渡る神輿は、江戸時代から多くの絵画に描かれています。もうひとつの祭りの見所は、摂津と和泉の境界の大和川で舁《か》き手が交代します。しかし、神輿が川を渡るのは、昭和 36（1961）年から平成 17（2005）年まで中断しました。次ページ上段の写真は、中断前の最後の年に川の南岸から東向きに撮っており、堺へ渡る神輿とそれを大和橋の上で待つ人びとや馬の様子が写っています。

大和川を渡る神輿｜昭和 35（1960）**年**

神輿の背後の鉄橋は、南海電気鉄道の阪堺線（現在の阪堺電気軌道）です。集電装置は、昭和 47（1972）年にパンタグラフ化される以前の Y ゲル（広義のビューゲル）が用いられています。

大和橋から神輿を望む住吉踊の童女｜昭和 35（1960）**年**

大魚夜市｜昭和 40（1965）年 7 月 31 日・8 月 1 日

堺市堺区

毎年、7 月 31 日の夜に行なわれる大魚夜市は、住吉祭で神輿が堺の宿院頓宮へ渡御するのにあわせて、地元の漁師が神前に魚を奉納したのが起源とされています。戦争で中断し、戦後に復興されましたが、大浜海岸が埋め立てられたため、大浜公園を会場として続けられています。

次ページ

正蓮寺　伝法川施餓鬼｜昭和 37（1962）年 8 月 26 日

大阪市此花区

伝法の川施餓鬼は、昭和 42（1967）年からは新淀川で船に乗り込み、経木流しが行なわれていますが、それまでは正蓮寺川で行なわれていました。写真は、乗船場へ向かう練供養の様子で、日蓮上人立像と経木が納められた御輿が寺から川へと向かいます。

正蓮寺　伝法川施餓鬼｜昭和 37（1962）年 8 月 26 日

正蓮寺　伝法川施餓鬼｜昭和 37（1962）年

次ページ
正蓮寺　伝法川施餓鬼　堤を行く御輿の行列
｜昭和 37（1962）年

大阪市此花区…正蓮寺・伝法川施餓鬼

〈大阪市　秋・冬〉

神津神社　秋祭の湯立て神楽｜**昭和 37**（1962）**年 10 月 23 日**

大阪市淀川区

次ページ

諏訪神社　例祭　獅子舞｜**昭和 38**（1963）**年 10 月 22・23 日**

大阪市城東区

諏訪神社の獅子は、豊臣家から奉納されたと伝えられ、もとは雌雄の一対でしたが、明治 18（1885）年の水害で雄の獅子が流されたといわれています。獅子の頭部は紙を重ねて作った型に漆で塗り固めたもので、胴体は白と黒の毛で覆われています。このような総毛の獅子は、兵庫県に多く大阪では珍しいものです。ふたりで中に入り、「センマン」と呼ばれる経験者 2 名が介添え役として横につきます。獅子舞の演目の中では、肩車をして立ち上がるなどといった勇壮な所作も行ないます。第二次世界大戦時に中断し、この写真のころに復興されたようで、現在では秋祭に奉納されます。

諏訪神社　例祭　獅子舞｜昭和 38（1963）年 10 月 22 日

諏訪神社　例祭　獅子舞｜昭和 38（1963）年

少彦《すくなひこ》名《な》神社　神農祭神虎授与｜昭和 33（1958）**年 11 月 23 日**

大阪市中央区

11 月 22・23 日に行なわれる道修町の少彦名神社のお祭りは、笹に張り子の虎をつるした無病息災のお守りを求める人びとで賑わいます。文政 5（1822）年に大坂でコレラが流行し、コレラは虎列刺や虎狼痢と書かれたことから、道修町の薬種仲間が「虎《こ》頭《とう》殺《さっ》鬼《き》雄《う》黄《おう》圓《えん》」という疫病除けの丸薬をつくり、張り子の虎を添えて配ったことが、このお守りのはじまりだとされています。

次ページ
少彦名神社　神農祭　薬玉｜昭和 38（1963）**年**

少彦名神社・神農祭…大阪市中央区

海老江八坂神社　御饗神事　神饌づくり｜昭和 37（1962）**年 12 月 15 日**

海老江八坂神社　御饗神事　床飾りと出立ちの膳｜昭和 36（1961）**年**

12 月 15 日の日没後、八坂神社の祭りに供える料理をつくる御饗《おきょう》神事が行なわれます。当番の家に宮座の男性たちが集まって、息がかからないよう口に覆いをつけて調理をします。上の写真は、鯔《いな》と大根、芹を材料にした膾《なます》をつくっているところです。こうして心をこめた神饌が出来上がると、16 日の未明に神社へ運び、神前に供えます。

〈大阪市　正月〉

住吉大社　踏歌神事｜昭和 38（1963）**年 1 月 4 日**

五穀豊穣を祈る祭りです。言吹《ごんすい》と袋持《ふくろもち》が声を掛け合って歩み寄り、神前に福の餅を捧げます。その後、神楽女たちが白拍子《しらびょうし》舞《まい》と熊野舞《くまのまい》を奉納します。

住吉大社　白馬《あおうま》神事｜昭和38（1963）年1月7日

年のはじめに白毛の馬を見ると縁起がよいとされており、神職とともに白馬が第一本宮から第四本宮を拝礼してまわります。その後、社殿の周りを駆け巡ります。

今宮戎神社　十日戎　参詣者で混み合う境内｜昭和 33（1958）**年 1 月 9 日**

大阪市浪速区

今宮戎神社　十日戎　宝恵駕籠｜昭和 33（1958）年

大阪の祭りは正月の十日戎にはじまるといわれ、1 月 9 日の「宵えびす」、10 日の「本えびす」、11 日の「残り福」の 3 日間に、現在は 100 万人もの人びとが福を求めて今宮戎神社へ参詣します。とくに芸妓たちが駕籠に乗って参詣する宝恵駕籠行列が有名で、現在は芸能人などが乗って町をまわります。

今宮戎神社　十日戎｜昭和 41（1966）**年**

宝恵駕籠行列の背後に見える電車は、南海電車の 1201 形です。車体の長さは 18 メートルという手ごろさもあり、平成 7（1995）年まで貴志川線（現・和歌山電鐵）で走り続けました。

杭全神社　御田植神事　牛と犂《からすき》｜**昭和 34**（1959）**年 1 月 13 日**

大阪市平野区

杭全神社の御田植神事は、実際に田植えをするのではなく、拝殿で田植えの所作が能楽のように演じられます。これは年頭に豊作を祈願する儀礼で、現在は 4 月 13 日に行なわれますが、かつては 1 月 13 日でした。今では都市化で田んぼも見当たりませんが、かつての平野郷は水田が広がっていたため、このような神事が伝わっています。

杭全神社　御田植神事　鍬入れ｜昭和 34（1959）年

杭全神社　御田植神事　次郎坊のおしっこ｜昭和 34（1959）**年**

次郎坊という男児の人形に白蒸を食べさせた後、放尿させるしぐさをします。

杭全神社　御田植神事　松苗の田植え｜昭和 34（1959）**年**

難波八阪神社　綱引神事　境内｜昭和35（1960）年1月15日

大阪市浪速区

　難波八阪神社では、小正月の行事として綱を引き合って豊作を占う綱引神事が行なわれます。旧暦1月14日の行事でしたが、写真のころは成人の日（1月15日）に行なわれていました（現在は第三日曜日）。高く巻かれて榊を立てた部分が、ちょうど綱引きの時の中央を示す目印ですが、次第に大きくなって八岐大蛇《やまたのおろち》を表す形状になりました。綱引きのあと、綱を台車に乗せ、八乙女なども参加して氏子区域を巡行します。現在は神社の周辺だけですが、かつては猿田彦や八乙女なども加わった渡御列で氏子区域全体をまわり、写真のように千日前や道頓堀あたりまで行きました。

難波八阪神社　綱引神事｜昭和 34（1959）年

難波八阪神社　綱引神事｜昭和 34（1959）年

難波八阪神社　綱引神事・千日前｜昭和 34（1959）年

大劇名画座（現在のなんばオリエンタルホテル）と東宝・敷島劇場の間を進んでいます。右手前に看板が見える「千日堂」の「千日前の千日堂…」のコマーシャル・ソングも過去のものとなりました。

難波八阪神社　綱引神事・千日前｜昭和 34（1959）年

綱を載せた台車が、この日初日を迎えた東映制作の映画「忠臣蔵　桜花の巻　菊花の巻」の看板の前を通っています。この映画館は昭和 31（1956）年に閉館し、平成 13（2001）年ごろに解体された常盤座です。左奥は、大映映画の封切館だったアシベ劇場です。さらにその向かい側には大阪歌舞伎座を改装した千日デパート（現ビックカメラ）がありました。48 ページの写真の北側で撮影したようです。

〈大阪市　春〉

野里住吉神社　一夜官女祭（別れの盃）｜**昭和 38**（1963）**年 2 月 20 日**

大阪市西淀川区

2 月 20 日に野里住吉神社で行なわれる一夜官女祭は、少女を神饌として神に捧げる人身御供の名残だと伝えられています。実際は、着飾った少女たちが白蒸・鯰・鯉・鮒や豆腐、餅などの神饌を入れた夏《な》越《ごし》桶を神社に運び、神前に供える神事です。52〜53 ページの写真では本殿前の少女たちは屋外に座っていますが、現在は社殿が建て替えられて屋内で神事が行なわれます。

野里住吉神社　一夜官女祭　（行列風景）｜昭和 34（1959）年

野里住吉神社　一夜官女祭　（社殿前）｜昭和 34（1959）年

野里住吉神社・一夜官女祭…大阪市西淀川区

野里住吉神社　一夜官女祭　（本殿前）｜昭和 34（1959）年

香具波志神社　初午大祭　神饌（御膳櫃）を供える
｜昭和 38（1963）年 3 月 16 日

大阪市淀川区

上田秋成ゆかりの神社としても知られる香具波志神社の初午大祭は、3 月の午の日に行なわれます。明治 42（1909）年に同社へ合祀された御幣島の住吉神社で行なわれた御当恵祭の行事が加わっており、7 台の神饌を神膳に供えます。

祝詞が奏上され、天地の御幣を 3 度上下に合わせる幣合わせを行ない、次に農具や牛のミニチュアを箕の上に載せた米具美《めぐみ》を鐸幣で祓います。宮座のあったころは座衆が面を着け、米具美を持って踊りを奉納したと伝えられています。

香具波志神社　初午大祭　米具美を鐸幣で祓う
｜昭和 43（1968）年 3 月 15 日

香具波志神社　初午大祭　神饌｜昭和 38（1963）年 3 月 16 日

神饌は、円形の御膳櫃の中に、円錐形のモッソウ、桃の小枝をさした神酒、カチンとよぶ小餅 25 個、生鮒 1 尾、スルメと昆布の結び昆布 5 個、勝栗 10 個、白豆腐 1 丁、大福梅という塩漬けの小梅 3 個、大根と干し柿の柿鱠《なます》、ごまめ 7 尾を入れます。

住吉大社　御田植神事　植女たちの行列｜昭和 42（1967）年 6 月 14 日

住吉大社の御田植神事は、近郷の田植の前に住吉大社の神田に苗を植えて豊作を祈る行事で、住吉御田《おんだ》とも称されます。神功皇后《じんぐうこうごう》が長門国から植女を召して神田を植えさせたのが始まりとされ、江戸時代には旧暦 5 月 28 日、現在では毎年 6 月 14 日に行なわれます。

当日は午前中に植女の粉黛《ふんたい》・戴盃《たいはい》式があり、午後には石舞台での修祓の後、第一本宮での本殿祭で植女に苗が授けられます。苗は神田に設けられた舞台の上で替植女に渡され、田植えが開始されます。神田に設けられた舞台の上では、八乙女の田舞、御稔女による神田《みと》代舞《しろまい》、風流《ふりゅう》武者行事、田植踊り、住吉踊りが奉納され、また神田を囲んで源平流武者の棒打合戦が行なわれます。昭和 54（1979）年に、国の重要無形民俗文化財に指定されています。

住吉大社　御田植神事　御稔女《みとしめ》と植女の行列｜昭和 42（1967）年

住吉大社　御田植神事　田舞を舞う八乙女の行列｜昭和 42（1967）年

住吉大社の御田《おんだ》は、実際に神田で田植えをします。中央の舞台と神田の周囲では、さまざまな芸能が奉納されます。

〈四天王寺の行事〉

四天王寺　手斧《ちょんな》始め式　杖打ち大事｜昭和 39（1964）年 1 月 11 日

大阪市天王寺区

大工職の仕事始めの儀式で、非公開で行なわれます。金堂内の本尊の前で物差しに当たる杖を出し、音を立てて杖を打ち付ける「杖打ち大事」の後、角材に墨を付け、墨糸を引き、手斧を打ち付け、かんなを掛けるなど、一連の大工作業の所作が行なわれます。

四天王寺　どやどや　六時堂の上からの撮影｜昭和 35（1960）**年 1月 14日**

四天王寺では、1月 14 日の修正《しゅしょう》会《え》の最終日（結願日）に、「どやどや」の儀礼が行なわれます。柳の枝に挟まれた牛王宝印の護符を裸の若者たちが奪い合う行事で、護符は害虫除けとして田畑に立てました。現在は高校生たちが参加し、紙のお札を奪い合うようになっています。この写真は、六時堂の天井から落とされる護符を取り合う若者たちを、上から撮影したものです。

四天王寺　どやどや　水をかける｜昭和 42（1967）年

四天王寺　どやどや　　牛王杖を掲げる｜昭和 34（1959）年

四天王寺　聖霊会の舞楽　太平楽｜昭和 31（1956）**年 4 月 22 日**

四天王寺の「聖霊会《しょうりょうえ》舞楽大法要」は、「おしょうらい」ともよばれ、もとは聖徳太子の命日にあたる旧暦 2 月 22 日に営まれましたが、現在は毎年 4 月 22 日に行なわれています。

次ページ

四天王寺　聖霊会の舞楽　太平楽｜昭和 37（1962）**年**

境内にある六時堂と亀の池に架かる石舞台を、南側上方から撮影したものです。舞台の四隅にある球状の飾り物は曼珠沙華《まんじゅしゃげ》を表し、「太平楽《たいへいらく》」を舞う楽人《がくにん》の姿がみえます。

四天王寺・聖霊会…大阪市天王寺区

四天王寺　聖霊会の舞楽　蘇利古《そりこ》｜昭和 30（1955）年

四天王寺　篝《かがり》の舞楽｜昭和 40（1965）**年 8 月 10 日**

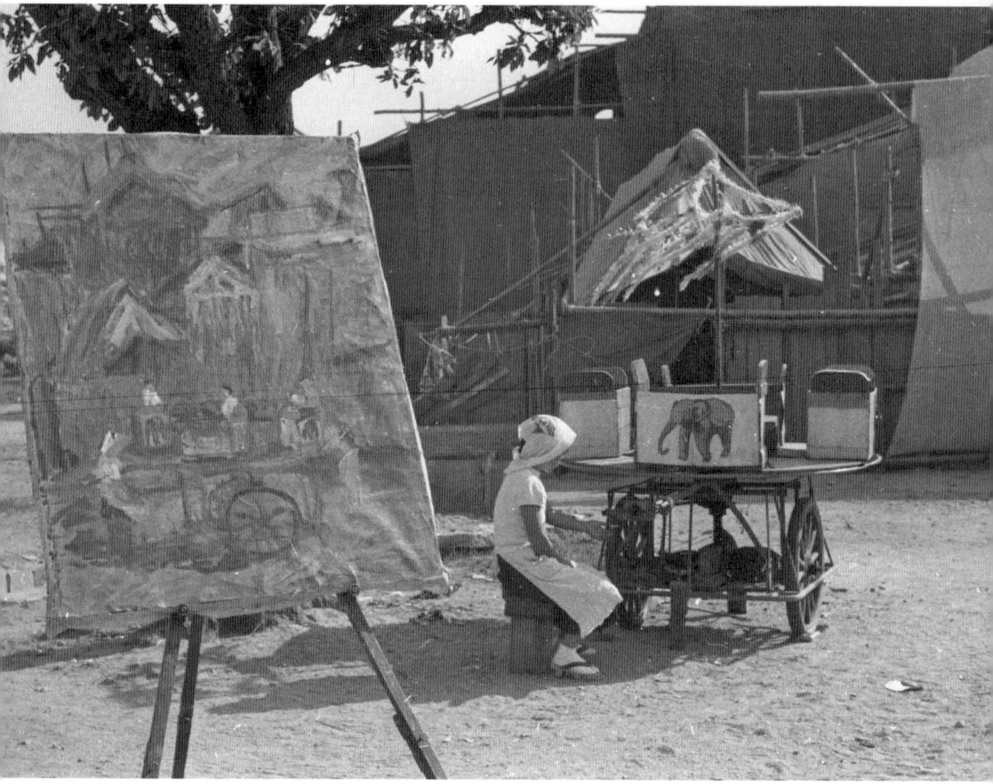

四天王寺　旧盆　メリーゴーランド｜昭和 30（1955）年 8 月 14 日

四天王寺　秋の彼岸　のぞきからくり｜昭和 35（1960）年 9 月 28 日

　四天王寺の西門前にある石鳥居には、「釈迦如来が説法する所で極楽の東門」という意味の語句が刻まれた扁額《へんがく》が掛かっています。春秋の彼岸には、石鳥居越しに沈む夕陽を拝み、先祖を供養するために多くの参拝客が訪れます。そのため、境内と周辺にはさまざまな露店や見世物が並びます。今では見ることができない露店も、写真に記録されています。

四天王寺　秋の彼岸　タコタコ眼鏡｜昭和 33（1958）年 9 月 28 日

四天王寺　秋の彼岸　経木書き｜昭和 35（1960）年 9 月 23 日

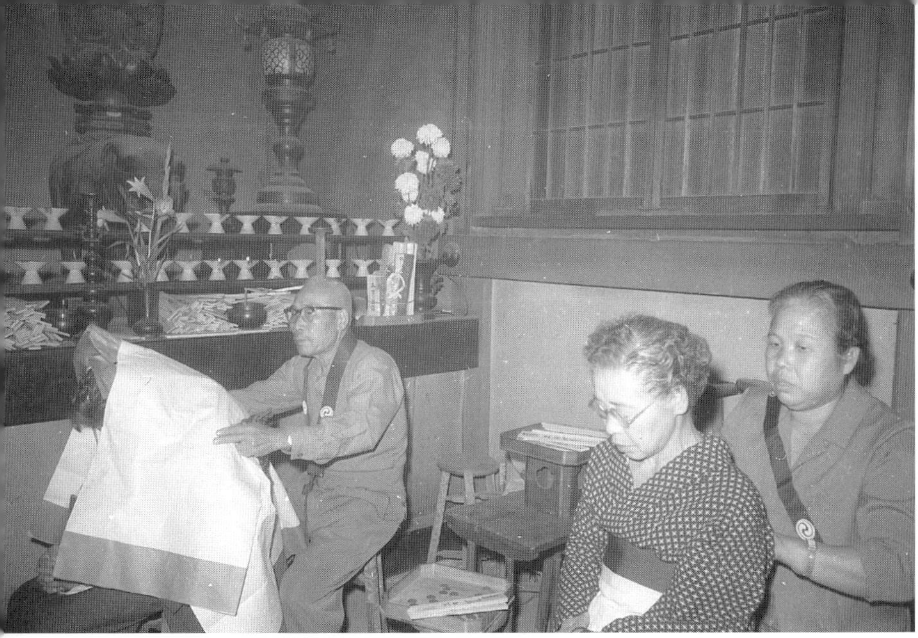

四天王寺　万灯院衣替（紙衣《かみこ》さん）　紙衣を着せて祈禱の加持｜昭和 37（1962）年 10 月 10 日

四天王寺　万灯院衣替（紙衣さん）　紙衣《かみこ》を着せて祈禱の加持｜昭和 37（1962）年 10 月 10 日

〈堺市〉

堺市西区　家原寺　入学試験の願掛け｜昭和 42（1967）**年 1 月 15 日**

堺市西区

家原寺は、奈良時代の僧・行基の誕生地と伝えられ、本尊の文殊菩薩に智恵を授かるために合格祈願のため、多くの受験生が参拝します。「落書き寺」ともよばれ、写真のように本堂の壁に直接願い事を書いていましたが、現在は白いハンカチに記入して、壁に貼り付けるようになっています。

大鳥大社　花摘祭｜昭和 35（1960）**年 4 月 13 日**

大鳥大社　花摘祭｜昭和 35（1960）**年 4 月 13 日**

堺市西区

大鳥大社で毎年 4 月 13 日に行なわれます。花笠を被り、花籠を持った花摘女《はなつみめ》、稚児と白丁らが曳く桜で飾った花車とともに、神輿が浜寺公園の御旅所へ渡御します。神前に花を供える春らしい優雅な祭りです。

大鳥大社　夏大祭（宿院頓宮への渡御）　鳳のつくりもの
｜昭和 40（1965）年 7 月 31 日

大鳥大社　夏大祭（宿院頓宮への渡御）　鳳のつくりもの｜昭和 40（1965）年

百舌鳥八幡宮　月見祭（秋祭）　布団太鼓｜昭和 38（1963）年 10 月 2 日か

堺市北区

　堺市の百舌鳥八幡宮の秋祭りは、旧暦 8 月 15 日の仲秋の名月にあわせて行なわれ（布団太鼓の奉納は前後の土・日曜日）、別名「月見祭り」とよばれています。収穫を祝う秋祭り、放生《ほうじょう》会《え》、月見の習俗が習合した祭りとされ、9 町から出される布団太鼓が、ベーラ、ベーラの囃しに合わせて町内を練りまわります。

百舌鳥八幡宮　月見祭　神輿前での巫女神楽｜昭和 38（1963）年

次ページ

百舌鳥八幡宮　月見祭　布団太鼓｜昭和 38（1963）年

・百舌鳥八幡宮・月見祭…堺市北区

櫻井神社　上神谷《にわだに》のこおどり（当家の家）｜**昭和 35**（1960）**年 10 月 5 日**

堺市南区

上神谷は明治のころの村の名で、こおどりは、鉢ヶ峯の国神社に伝わる雨乞い踊りでした。明治末期に国神社が片蔵の櫻井神社に合祀されたため、10月5日（現在は第1日曜）の同社の秋祭で奉納されます。紙花《ひめこ》を背負った鬼や三尺棒を持った天狗、太鼓打ちなどが、鉦と太鼓にあわせて踊ります。写真は、当屋の家で衣裳を付けて、神社へ出発する前にひと踊りしたところを撮影したものです。

櫻井神社　上神谷のこおどり｜**昭和 35**（1960）**年**

櫻井神社　上神谷のこおどり｜昭和 35（1960）**年**

櫻井神社　秋祭　山車｜昭和35（1960）年10月5日

石津太神社　やっさいほっさい　着火前のとんと
｜昭和34（1959）年12月14日

堺市西区

石津太神社では、12月（旧暦11月）14日の夜にやっさいほっさい祭りとよぶ火祭りが行なわれます。これは祭神のエビス神が石津浦に漂着した際、村人たちが焚き火で暖めたのがそのはじまりだと伝えられています。現在は、参道の中央に薪を積み上げ、神事のあとに火をつけます。高く上がった炎が収まると、竿で薪を突き崩し、氏子の年男から選ばれた神人を3人が担いで火の中に跳び込みます。それを3回繰り返しますが、昔はそのまま村中を駆けまわったようで、このときの掛け声が「やっさいほっさい」です。現在は、神人の足は地面に着けてはならないとされていますが、明治のころの様子を記した史料では、神人が焚き火を踏み渡り、それを担ぎ出したようです。

石津太神社　やっさいほっさい　とんど｜昭和 34（1959）年

石津太神社　やっさいほっさい　火床の炭を持ち帰る
｜昭和 34（1959）年

石津太神社　やっさいほっさい　担ぎ上げられた神人（戎さん役の男性）｜昭和 34（1959）年

〈能勢町〉

門松｜昭和 35（1960）**年 1 月 14 日か**
能勢町山辺

山辺の正月飾り｜昭和 35（1960）**年**

歳徳棚《としとくだな》・年棚《としだな》｜**昭和 39**（1964）**年 1 月 14 日**

能勢町天王

歳神は、正月に家へ迎えてまつる神です。能勢では、歳徳棚や年棚とよばれる回転式の吊り棚をその年の恵方の方角に向けたものや、俵やカマスに松を挿した歳徳松の前に、鏡餅や吊した藁に餅を付けた餅花を供えます。

天王の松の根本には、縫い初めで縫った袋に米を入れたもの、お年玉や一斗枡が供えられています。その手前にあるのは宝来です。三宝の上に白米と裏白を敷き、大豆と餅を搗いたつくね豆や、吊し柿、みかん、榧、祝昆布、茹で栗などを盛ったもので、正月に来客があればこれを御馳走としてすすめます。

天王の正月飾り｜**昭和 39**（1964）**年**

天王の正月飾り　門松｜昭和 39（1964）年

山辺の山の神祭り｜**昭和 35**（1960）**年 1 月 14 日**

能勢町山辺

山辺では、正月初寅の日に山の神の祭りが行なわれ、6 人の当番が、山辺神社・山の神の祠・宝塚の 3 か所に、豆御飯や甘酒、竹や笹でつくった弓と矢などを供えます。祭りの前には御幣を持つ紋付羽織の若い衆役と水桶を担いだ中年役の 2 人が各家をまわり、米や栗、柿などを集めて供え物にします。半裸の 2 人の若い衆役の写真は、供え物を作る様子です。口に樒の葉をくわえ、一人は米をすりつぶしてシトギを作り、一人は半紙に人形を描いています。山の神の祠で供えた豆御飯は、宝塚のところに降りてきた時に参拝者に配られます。人びとは容器を持参し、盛った豆御飯の上にシトギをかけてもらいます。

山辺の山の神祭り｜昭和 35（1960）年

山辺の山の神祭り｜昭和 35（1960）年

山辺の山の神祭り｜昭和 35（1960）年

山辺の山の神祭り｜昭和 35（1960）年

天王のきつねがえり　藁きつね｜昭和 35（1960）年 1 月 14 日

能勢町天王

きつねがえりは、大阪府下では天王だけに伝わっている行事です。1月14日に男の子たちが集まって藁でキツネをつくり、御幣とともに青竹に挿し、それを先頭に各家をまわります。その際、太鼓に合わせて「われは何をするぞいやい、きつねがえりをするぞいやい・・・」と唱《うた》いながら、手にした御幣を打ち振ります。最後はキツネの口に賽銭として硬貨を噛ませ、橋の上から川に放り投げます。キツネに象徴される害獣や疫病などを、集落から追い出して福を招く小正月の行事です。

天王のきつねがえり　門付け｜昭和 39（1964）年

天王のきつねがえり　橋を渡る｜昭和 39（1964）**年**

当時の小学生の服装に、「時代」がうかがえます。

天王のきつねがえり　川へ放り投げる｜昭和 39（1964）**年**

歌垣のハルゴト（コト）｜昭和 35（1960）**年**

前ページ

歌垣のコムシ（子蒸し）｜昭和 35（1960）**年 2 月 24 日**

能勢町倉垣

ワクチンが広まるまでは、疱瘡《ほうそう》（天然痘）や麻疹《はしか》は恐ろしい伝染病でした。とくに乳幼児の死亡率が高かったため、疱瘡除けやはしか除けのまじないの儀礼が行なわれました。コムシ（子蒸し）の行事もそのひとつで、2月初午日などに女性たちが集まり、大釜で湯を沸かしてその湯気に新生児をあてます。そこへ蓑笠を着けて天秤棒に徳利を掛けた古老の男性が扮する人物がやって来て、疱瘡を持ち去ってもらいます。その後は、当日持ち寄った米や野菜で、赤飯や季節料理を作って女性だけの宴会が行なわれます。この宴会をコトとよび、春に行なわれることからハルゴトともよばれます。コムシの行事は、豊能郡と周辺地域で行なわれ、この写真は能勢の歌垣地区（現在の能勢町倉垣）で撮影されました。

長谷《ながたに》のおんだ　唐鋤｜昭和35（1960）年5月8日

能勢町長谷

　おんだは、年のはじまりに一年間の農作業の様子を模擬的に演じて、豊作を祈願する行事です。棚田の風景が美しい能勢町長谷のおんだは、5月8日の午後に八坂神社の境内で行なわれます。腰蓑を着けた馬子役と牛の面をつけた牛役が、拝殿前の広場で田起しなどの農作業を演じ、それが終わると子どもたちが田植えをします。

　94ページ下段写真は、苗に見立てた榊の枝を地面に立てて揺らし、田植えの様子を表しているところです。

長谷のおんだ　田起し｜昭和 35（1960）年

長谷のおんだ　田植え｜昭和 35（1960）年

長谷のおんだ　田植え｜昭和 35（1960）年

能勢町長谷　棚田の風景｜昭和 35（1960）年

長谷の天道花　供物｜昭和 35（1960）年 5 月 8 日

この日は卯月八日といって、次ページの写真のように庭先に竹芋の先にヤマツツジをつけて高く掲げた天道花を立て、ヨモギを入れた編笠団子を供えます。

長谷の天道花｜昭和 35（1960）**年**

原林神社　秋祭（宮講）　ごぜんそなえ
｜昭和 37（1962）年 10 月 15 日

能勢町原林

下田尻の原林神社では、地区の講員を中心とする「宮講」とよばれる祭りの組織があり、10 月の秋祭りには、講の中から少年 2 名が選ばれて、「ごぜん供え」をつとめます。

祭りの当日、烏帽子に狩衣の姿で当番 3 名が用意した生魚（シイラ）、鏡餅、のし餅、神酒を神前に供えた後、本殿の前に座って講員に神酒を注いでのし餅を渡し、最後に御幣を振って一同を祓います。

原林神社・秋祭…能勢町

山辺神社　秋祭　太鼓｜昭和 37（1962）**年 10 月 14 日**

能勢町山辺

山辺神社の秋祭は現在 10 月第 1 日曜日に行なわれています。宵宮には、神輿と太鼓台が御旅所の稲荷神社へ渡御し、獅子舞と扇の舞が奉納されます。神輿は一晩御旅所へ泊まりますが、太鼓台は神社へ戻ります。翌日、太鼓台が御旅所へ神輿を迎えに行き、神輿と太鼓台が一緒に集落をまわります。神社へ戻った後、境内では、獅子舞による「荒神祓いの舞」と「扇の舞」「剣の舞」が奉納されます。

写真は集落内をまわる太鼓台と、袂《たもと》の長い着物にたすき掛けのあでやかな姿の囃し手が写っています。

山辺神社　秋祭｜昭和37（1962）**年**

山辺神社　秋祭　太鼓台の練りまわし｜昭和37（1962）**年**

野間神社　秋祭　だんじり｜昭和 36（1961）**年 10 月 14 日**

能勢町野間

野間神社では、10 月中旬に秋祭りが行なわれ、宵宮と本祭にだんじりを曳行し、獅子舞が奉納されます。現在は、数年に一度、能勢町の地黄、野間中、野間稲地、野間出野、野間大原、野間西山の各氏子地区から、6 台のだんじりが神社境内に勢揃いします。かつては、だんじりの前方に組立式の舞台を作り、歌舞伎などの芝居を奉納していました。

次ページ
野間神社　秋祭　だんじり｜昭和 37（1962）**年**

本宮地

野間神社　秋祭　太鼓｜昭和37（1962）**年**

本祭の日は、だんじりが地黄の御陣屋（地黄城址）へ向かいます。103ページの写真のように、急坂を順に上っていく所が見せ場になっていました。上の写真は、だんじりを迎えるために太鼓をたたいている様子です。御陣屋跡は、背後に木造校舎が見えるように、東中学校のグラウンドの隣にありましたが、能勢町の小中学校がひとつに統合されたため、この学校も現在はありません。

昭和40年代までは、各地の小中学校に、このような木造校舎が残っていました。

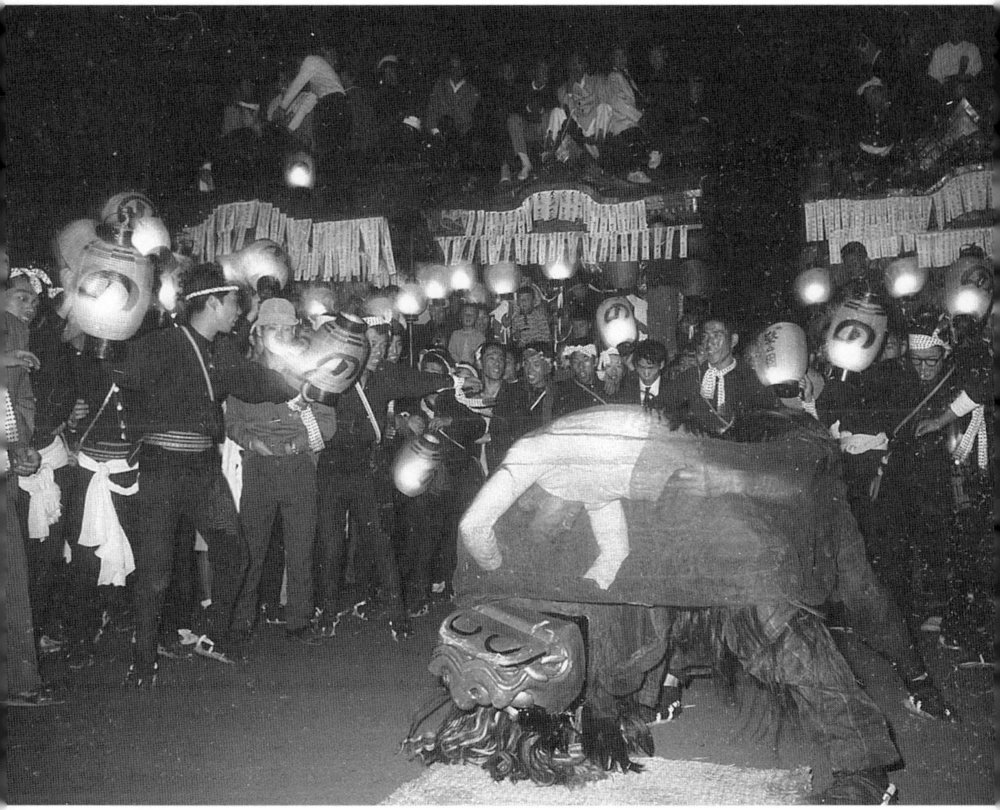

野間神社　秋祭　宵宮の獅子舞｜昭和 41（1966）年

野間神社　秋祭　地芝居｜昭和 37（1962）**年**

この芝居の演目は、『鎌倉三代記』七段目の「絹川村閑居の場」の一場面だと思われます。だんじりを舞台にして、子どもたちが浄瑠璃芝居を演じました。

稲地の亥《い》の子《こ》｜昭和 37（1962）**年 11 月 9 日**

能勢町稲地

「亥の子」は、旧暦 10 月亥日に行なわれる収穫祭です。この日、能勢の山間部では、ザルでつくった獅子頭や、藁束でつくった「亥の子槌《つち》」を持って村の各家をまわります。獅子役の子が土間に入って踊り、ほかの子どもたちは外で地面を槌でたたきながら唱え言をします。地区によって多少詞は異なりますが、「亥の子の餅や祝いましょう　ひとつやふたつはたりません　お櫃《ひつ》に一杯祝いましょう　もうひとつ祝って帰りましょう」と唱います。

亥の子｜昭和 42（1967）**年**

能勢町（地区不明）

上山辺の亥の子｜昭和37（1962）**年11月21日**

能勢町上山辺

上山辺の亥の子　獅子｜昭和 37（1962）年

上山辺の亥の子　獅子｜昭和 37（1962）年

〈北摂〉

五月山・愛宕《あたご》神社　がんがら火｜昭和 35（1960）**年 8 月 24 日**

池田市

愛宕信仰では、火事を防ぐ火伏せの行事として愛宕火ともよばれる火祭りを行ないます。8 月 24 日の、池田のがんがら火もそのひとつです。もとは五月山で燈籠に火を灯すだけでしたが、時代とともに変化し、山の中腹に「大」と「大一」の文字を火で燃やすほか、昭和の初めから松明をつくって市内を練り歩くようになりました。次ページの大松明は長さ 4 メートル、重さは 100 キログラムにもなるようです。

五月山・愛宕神社　がんがら火｜昭和 35（1960）**年**

神田《こうだ》八坂神社　神田《こうだ》祭（秋祭）　太鼓

｜**昭和 37**（1962）**年 10 月 22 日**

池田市神田

神田八坂神社の秋祭は、10 月 22 日でしたが、現在はそれに近い土日に変わっています。この祭りでは、氏子の 6 地区の幟《のぼり》が神社に運ぶ宮入りが行なわれます。幟は長さ約 6 メートルで、神紋や「素戔嗚尊」「牛頭天王」といった祭神の名が金糸で刺繍《ししゅう》されています。神事の後、神輿や太鼓の渡御行列が出発します。夜には長竿に額形の提灯をつけた額燈《がくとう》が、神輿とともに宮入りしましたが、現在は神輿が神社へ戻る時間が早くなり、額燈の宮入りは宵宮の夜になっています。

神田八坂神社・神田祭…池田市

神田八坂神社　神田祭　額燈と幟｜昭和 37（1962）年

前ページ
神田八坂神社　神田祭　幟《のぼり》と太鼓
｜昭和 37（1962）年

田中天満宮　注連縄つくり｜昭和 38（1963）**年 12 月 22 日**

茨木市田中

　茨木市田中には注連縄《オシメ》講《コウ》があり、藁を持ち寄って注連縄を作ります。

次ページ
田中天満宮　注連縄掛け｜昭和 38（1963）**年**

田中天満宮・注連縄つくり…茨木市

原八阪神社　原の蛇祭り　｜**昭和 35**（1960）**年 4 月 8 日**

高槻市原

原八阪神社の春祭歩射神事（大蛇祭・蛇祭り）は、4月8日（現在は第1日曜日）に行なわれます。稲藁で編んだ大綱を丸太に巻いて蛇に見立て、それを担いで神社まで練り歩きます。境内に着くと、大綱を的場の2本の松に掛け渡し、その下に立てた的に向かって裃姿の青年2人が矢を射ます。昔はそのあとに綱引きをしたようですが、いずれも豊作を占う行事だと考えられます。

原八阪神社　原の蛇祭り　大綱と的｜昭和 35（1960）年

原八阪神社　原の蛇祭り　的を射る｜昭和 35（1960）年

市軸稲荷神社　お多福さんの簪《かんざし》祈願｜昭和 43（1968）**年 2 月 3 日**

豊中市刀根山

昭和 32（1957）年から、節分の際にお多福門（お多福のくぐり門）が設置されています。簪に名前や年齢、願い事を書いた短冊をつけ、「頭いた・頭いた・頭いた」と 3 度唱えて頭などをなで、門の前の左右にある大根にその簪を挿して、祈ります。

次ページ

瀧安寺　戸閉式　階段を降りる山伏｜昭和 41（1966）**年 11 月 7 日**

箕面市箕面公園

毎年 11 月 7 日に、箕面山瀧安寺では行者堂戸閉法要・採灯大護摩供修法が行なわれています。関西の山伏が集まって、法螺貝を吹き鳴らしながら阪急箕面駅から瀧安寺まで練り歩きます。

行者堂は冬の間は戸を閉めており、4 月の戸開式から 11 月の戸閉式の間だけ戸が開いています。この両日には、山伏たちが集まって檜葉を燃やす採灯大護摩供修法が行なわれ、山伏問答、法弓、法剣、斧の儀などの儀礼があります。肩車をされている男児は、稚児山伏といって、戸開式・戸閉式で厨子やお堂の鍵を開閉する役で、手に鍵を持っています。

瀧安寺・戸閉式…箕面市

瀧安寺　戸閉式　護摩｜昭和 41（1966）年

瀧安寺　戸閉式　肩車される稚児山伏｜昭和 41（1966）年

〈河内・和泉〉

弓削神社　夏祭　布団太鼓（**子供太鼓台**）｜**昭和 40**（1965）**年 7 月 31 日**

八尾市弓削町

小《お》山《やま》産土《うぶすな》神社　秋祭　布団太鼓｜昭和 38（1963）**年 10 月 17 日**

藤井寺市小山

枚岡神社・粥占神事…東大阪市

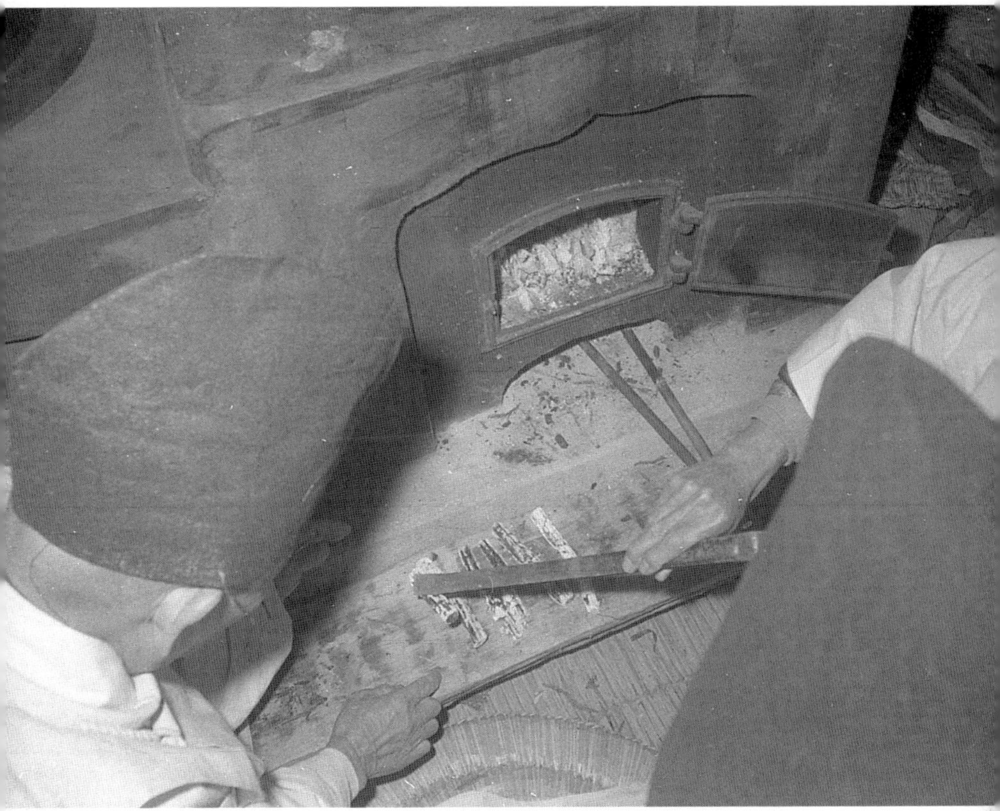

枚岡神社　粥占神事｜昭和 38（1963）年

東大阪市出雲井町

　1 年間の天候と作物の豊凶を占う神事です。1 月 11 日に小豆粥を炊いて占い、15 日に結果を印刷して発表します。その方法は、竈《かまど》に黒樫の占木を 12 本入れ、その焦げ具合で月ごとの晴雨や強風の有無を占います。また、釜の中に占竹の束を入れて粥が炊きあがると引きあげ、神前に奉納した後、占木を割って中の粥の詰まり具合で作物の豊凶を占います。

前ページ
枚岡神社　粥占神事｜昭和 38（1963）年 1 月 11 日

枚岡神社　粥占神事｜昭和 38（1963）年

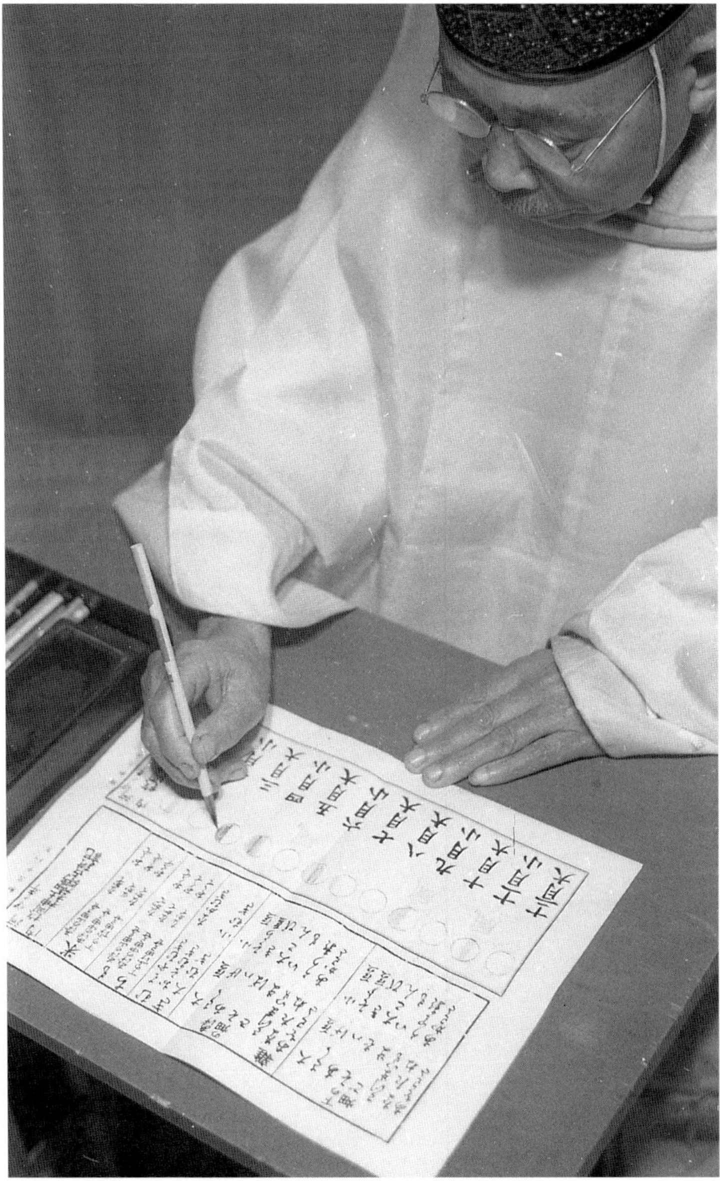

枚岡神社　粥占神事｜昭和 38（1963）**年**

占いの結果を占記に記入します。

枚岡神社　注連縄掛神事｜昭和 38（1963）年 12 月 25 日

枚岡神社　注連縄掛神事（お笑い神事）
｜**昭和 37**（1962）**年 12 月 25 日**

現在は、年末の 12 月 25 日に行なっていますが、かつては年頭行事として 1 月 8 日に行なわれました。本殿前の石段下に掛かっている古い注連縄をはずし、新しい縄に張り替えます。作業が終わると、鳥居の前に参加者が並び、最初に宮司が本殿の方を見上げながら「ワァッハッハッハ」と笑うと、それに続いて氏子の人たちも高らかに笑う「お笑い神事」が行なわれます。笑いの持つ力で、1 年を良いものにしたいという願いが込められています。

弥勒寺　葛城踊り｜昭和 38（1963）年 8 月 14 日

岸和田市塔原

江戸時代に、和泉葛城山頂の八大竜王社を祭っていた麓の塔原《とのはら》・相川《そうがわ》・河合・蕎原《そぶら》・木積《こつみ》の 5 か村が、降雨を神に祈願するために奉納した雨乞いの太鼓踊りです。雨乞いのとき以外にも、定期的に旧暦 6 月 18 日に奉納されたようですが、次第に行なわれなくなりました。昭和 30（1955）年に塔原で復活し、現在は 8 月 14 日に弥勒寺境内で演じられています。はじめに投頭巾を被って御幣を持った新発意《しんぼち》が登場し、そのあと音頭取りや笛、囃子が編笠をかぶって和泉葛城山の方を向いて並び、その前に小新発意と陣笠を被った名告《なのり》が立ちます。一番前に大太鼓 4 張を置き、花笠をかぶった踊り子が太鼓を打ちながら踊ります。

塔原　盆棚｜昭和38（1963）**年8月14日**

旧盆で、無縁仏の供養のために供えた盆棚です。

土生神社　土生の鼓踊り｜昭和 38（1963）**年 8 月 15 日**

岸和田市土生町

室町時代、干ばつによる不作に困った農民が、葛城山の八大龍王に雨乞いの祈願をしたところ、雨が降ったことから神社の境内で太鼓や樽を叩いて踊るようになったのが始まりだとされる盆踊りです。泉州地域には、岸和田市塔原の葛城踊り、堺市の上神谷のこおどりのように、かつては雨乞い踊りであった民俗芸能がよく残っています。

土生神社　土生の鼓踊り｜昭和 38（1963）年

次ページ

岸城神社　岸和田だんじり祭り｜昭和 35（1960）年 9 月 15 日

岸和田市岸城町

　毎年 9 月に行なわれる岸和田のだんじりは、猛スピードで辻を曲がる「やりまわし」が有名です。この写真は、岸和田城の堀の横を通って岸城神社へ宮入りするところです。地区ごとに揃いの法被《はっぴ》を着てだんじりを曳きますが、このデザインから堺町のだんじりであることがわかります。

だんじり・岸城神社…岸和田市

水間寺　千本餅搗《つ》き｜昭和 34（1959）年 1 月 3 日

貝塚市水間

正月三が日の年始大法会の中で、2 日と 3 日に行なわれています。寺の開祖の行基が 16 人の童子に誘われてこの地に来て、龍の化身である老人から本尊となる観世音菩薩像を授かり、童子たちとともに木の棒で餅を搗いて本尊にお供えしたのが、この儀式のはじまりだと伝えられています。

寺を運営する座の組織があり、本堂横の渡り廊下の上で、座の長男の若中たちが赤鉢巻・赤襷・赤前掛の衣装で、竪杵《たてきね》を使って唄をうたいながら餅を搗きます。その合間に天井に届くほど高く餅を掲げ、臼《うす》に叩きつける所作をします。この餅を食べると厄除けになるといわれ、参詣の人びとにふるまわれます。

水間寺　千本餅搗き｜昭和 34（1959）年

水間寺　千本餅搗き｜昭和 34（1959）**年**

感田神社　夏祭　太鼓台｜昭和 38（1963）**年 7 月 19 日**

貝塚市中

　感田神社の夏祭りは、太鼓台まつりとして有名です。7 基の太鼓台（布団太鼓）が神輿にしたがって、町内を練りまわります。江戸時代から続く泉州で最も歴史がある太鼓台の祭りだとされています。

黒鳥の篝火｜昭和 38（1963）**年 8 月 15 日**

和泉市黒鳥町

三村はトンドと記していますが、旧盆の行事です。『和泉市史　第 2 巻』には、黒鳥山に松の薪を積んで高さ約 6 メートルの松明をつくり、それに火を付けて燃やしていたようですが、終戦とともに廃止されたようです。当日は菅原神社の社頭でも、7 歳までの男児が火のついた松明を持って輪になり、村内の安全を祈願しながら 3 回まわったと記されています。一方、大正時代の『大阪府全志　巻之五』では、干ばつの際の雨乞いだとしています。

撮影時には復活されていたようで、参加者は先の藁束に火のついた長竿を持ち、時計回りにまわっています。担ぎ棒の前後に太鼓と鉦を吊して鳴らす人が見え、唱え言や歌があったようです。写真の場所は、明治の末に別の神社へ合祀した菅原神社の旧社地で、現在は黒鳥天満宮天神社として再建されています。

黒鳥の篝火｜昭和 38（1963）**年**

Ⅱ

兵庫県

兵庫県

これまでにデジタル化が終わった昭和三十（一九五五）年から昭和四十三（一九六八）年三月までの間では、三村幸一の兵庫県の祭り・行事の写真は日本海側はなく、瀬戸内海側の尼崎市から赤穂市の間と淡路島に限られます。ここでは、神戸市の行事を最初に並べ、あとは阪神間から丹波、播磨地域を配列し、最後に淡路島の行事を並べてみました。そして、兵庫県の祭りの特徴として年頭に鬼が登場する追儺式（鬼追い）の写真を、特集としてまとめました。

神戸市内の写真は、神戸みなと祭りや湊川神社の楠公祭など、街並みがよく写っているものを選びました。平成七（一九九五）年一月の阪神・淡路大震災で、ここに記録された風景は一変してしまったためです。海神社の秋祭に写っている広々とした明石海峡も、現在は埋め立て地や明石海峡大橋が架かって景色が変わっています。その一方で、追儺式や上鴨川住吉神社の芸能など、変わらず続けられている伝統行事もあります。

〈神戸市〉

生田神社　杉盛｜昭和 35（1960）**年 1 月 10 日**

神戸市中央区

　生田神社では、平安時代に倒れてきた松で社殿が壊されたとの伝承から松を忌み、門松ではなく杉盛を飾るとされています。

　正月を迎えるために、杉枝約 2000 本を使って高さ約 3.5 メートルの杉飾りをつくります。上部には五穀豊穣を祈るために 5 束のススキの穂を飾り、12 枚の紙垂を付けた 12 本の注連縄が結ばれます。現在は楼門の前につくりますが、この写真のころは本殿前に設けたようです。

有馬温泉　入初め式　神輿｜昭和 37（1962）**年 1 月 2 日**

神戸市北区

有馬温泉では、江戸時代から続く新年の行事として、入初め式が行なわれます。湯泉神社の神輿と温泉寺の行基上人・仁西上人の像を載せた輿を中心に、会場の有馬小学校の講堂まで練り行列があります。その後、芸妓衆が湯女に扮して初湯を櫂でかき混ぜる「湯もみ」、初湯を像にかける「灌仏」、床に撒いた米を若松でかき寄せる「祓行事」などが行なわれます。

有馬温泉　入初め式　神輿・輿の行列｜昭和 39（1964）年

有馬温泉　入初め式　湯女衆　祓い行事｜昭和 37（1962）年

天津彦根神社　原野のお弓｜昭和 37（1962）**年 1 月 16 日**
神戸市北区山田町

天津彦根神社　原野のお弓｜昭和 37（1962）**年**

顕宗仁賢神社　木津のコウド　大年｜昭和 39（1964）**年 1 月 2 日**

神戸市西区

年頭と秋の 2 回、村の人びとが寺や神社に集まって五穀豊穣や安全を祈願し、その後直会《なおらい》する行事のことを、兵庫県内では「オトウ」とよびます。押部谷町木津では、講頭《コウド》と呼ばれ、1 月 2 日と 9 月 12 日に顕宗仁賢神社境内にあるお堂で行なわれます。

この写真は、1 月 2 日のコウドの後に行なわれるハナフリの様子です。ハナフリは、神前で榊などの常緑樹の枝を、唱えごとをしながら振ったり叩いたりして豊作を祈願する儀礼で、振った枝は持ち帰って田の水口に挿します。

顕宗仁賢神社　木津のコウド　弓引き｜昭和 39（1964）**年**

ハナフリの後には、その年の恵方の方角に猪と鹿を描いた的を立て、弓射ちをして行事を終えます。

顕宗仁賢神社　木津のコウド（お頭行事）**秋のコウド｜昭和 37**（1962）**年 10 月 22 日**か

無動寺・若王子神社　オコナイ｜昭和 39（1964）**年 2 月 5 日**

神戸市北区

山田町福地では、２月５日にシュウシ、オコナイ、オトウの儀礼が続けて行なわれます。まず、神仏分離前は無動寺の鎮守社であった若王子神社で祈年祭が行なわれた後、無動寺の庫裏でシュウシとよばれる直会《なおらい》をします。直会では、賽の目にした木綿豆腐を竹串に刺し、山椒味噌を塗って藁苞《わらづと》に挿したハマヤキや、アラメなど決まった料理が出されます。食事後、オコナイの儀礼に移ります。参加者はオコナイ棒と呼ばれる椎や樫の棒を持って堂内に移動し、床に敷いた歩み板を住職の合図とともに一斉に叩きます。堂内には凄まじい音が響きますが、これによって魔を祓うと考えられています。叩きつけて先が割れた棒は、牛王宝印を挟んで持ち帰り、田の水口に挿します。その後、新しい神事番を決めるオトウが行なわれます。

無動寺・若王子神社　オコナイ｜昭和 39（1964）年

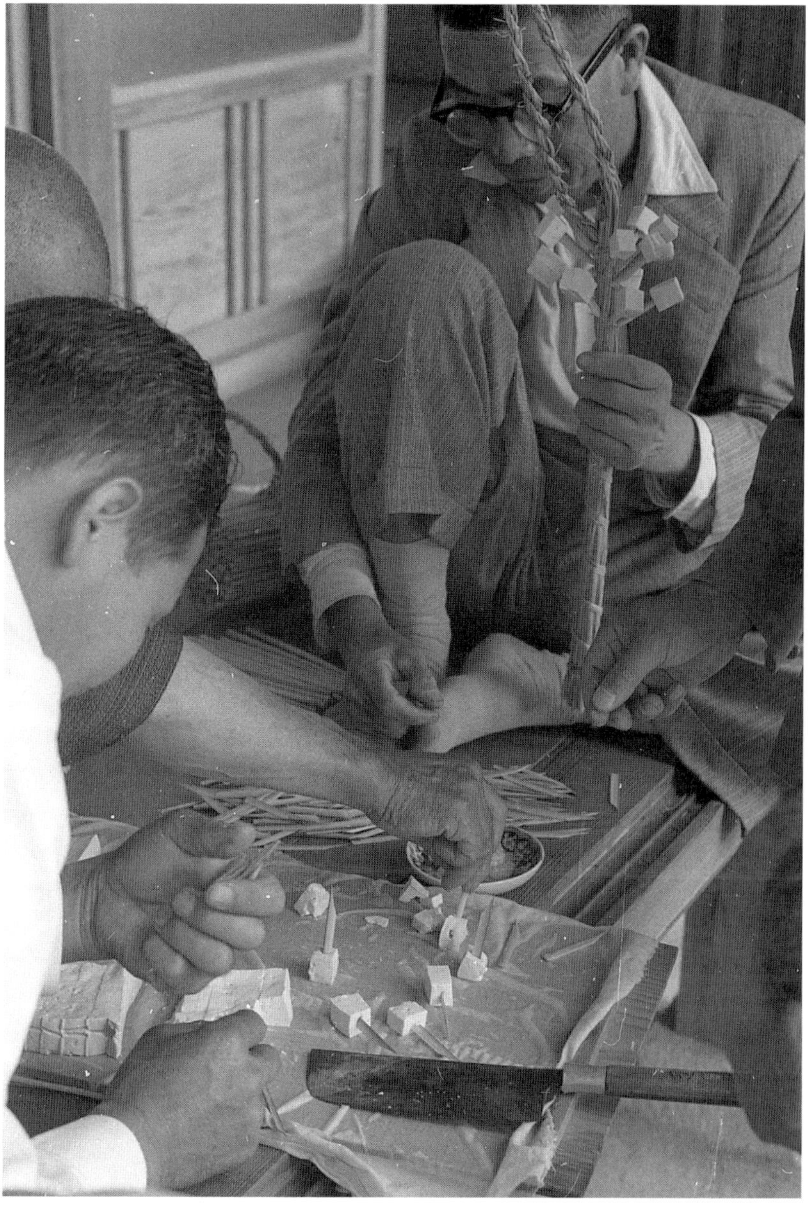

無動寺・若王子神社　秋祭　供物｜昭和 37（1962）年 10 月 5 日

無動寺・若王子神社　秋祭　直会《なおらい》（シュウシ）｜昭和 37（1962）年

太福寺　雀の塔　雀の授与｜昭和 39（1964）**年 2 月 12 日**

神戸市北区

道場町の太福寺で、毎年 2 月 11 日に行なわれる年頭の行事です。その前年に生まれた子どもの村への仲間入りと成長を祈る行事で、本堂で大般若経の転読が行なわれます。

堂内には、朴《ほう》の木で雀とされる雌雄の鳥をつくり、白膠木《ぬるで》の木で巣をつくって巣ごもりをする姿のつくりものが飾られます。この巣を表す部分のように、途中まで木を削って花のようにする飾りをケズリカケとよび、御幣の原型といわれています。つくりものは 100 本ほど飾られ、子どもたちに疱瘡除けの護符とともに配られます。

太福寺　雀の塔　雀飾り｜昭和38（1963）年

湊川神社　楠公祭　武者行列｜昭和 38（1963）**年 5 月 25 日**

神戸市中央区

　楠木正成が湊川の戦いで亡くなった 5 月 25 日にちなんで行なわれます。
　明治 5（1872）年のこの日に湊川神社が鎮座し、明治 7 年から御神幸楠公武者行列が始まりました。現在は 5 年ごとに行なう予定です。

湊川神社　楠公祭　武者行列｜昭和 38（1963）**年**

背後は国鉄（現 JR）神戸駅です。

地蔵盆　山田町中の地蔵｜**昭和 37**（1962）**年 8 月 23 日**
神戸市北区

地蔵盆　やきもち地蔵｜昭和 37（1962）**年 8 月 23 日**

神戸市北区

次ページ

海神社　秋祭　鳥居｜昭和 38（1963）**年 10 月 10～12 日**

神戸市垂水区

　10 月 12 日の海上渡御祭では、神社での祭典の後、神輿が垂水漁港まで練り歩き、御座船（神幸船）に載せ、海上を巡幸します。

海神社・秋祭…神戸市垂水区

海神社　秋祭　神輿の渡御｜昭和 38（1963）年 10 月 12 日か

海神社　秋祭　神幸船｜昭和 38（1963）年

みなとの祭　新開地の神戸タワー｜昭和 38（1963）年 10 月 22 日

神戸市兵庫区

昭和 8（1933）年に始まるみなとの祭は、昭和 46（1971）年には神戸カーニバルと合わせて神戸まつりとなりました。写真には「源平時代」の幟が見えますが、昭和 25（1950）年の神戸博覧会で復活した懐古行列の一団です。

神戸タワーは、大正 13（1924）年、湊川公園に建てられた塔で高さは 90 メートルでした。老朽化のため昭和 43（1968）年に解体され、跡地にはその姿を模したカリヨン時計塔が建っています。

みなとの祭　懐古行列の人びと｜昭和 38（1963）年

みなとの祭　兵庫木遣音頭｜昭和 38（1963）**年**

兵庫県西出町に伝承される兵庫木遣音頭は、平安時代末の発祥とされ、神戸市の登録無形民俗文化財となっています。

顕宗仁賢神社　木津の地芝居｜昭和 37（1962）**年 10 月 22 日**

神戸市西区

神戸の農村舞台

　大阪・京都から近いこともあり、兵庫県には農村歌舞伎、地芝居が多く存在し、特に播州歌舞伎は有名です。また農村舞台の分布も濃密で、昭和 39（1964）年には、神戸市内だけで 15 の舞台が確認されましたが、その多くが、神社の境内にあり、祭りの直会《なおらい》に用いられる長床という施設を転用しているのが特徴です。

　下谷上の農村舞台は、天保 11（1840）年再建の古い棟札を持つことで有名で、日本最古の劇場とされる金毘羅大芝居（金丸座）と同時代の舞台です。祭りの撮影でこの地を訪れた三村幸一は、下谷上など神戸市北区山田町にある農村舞台に早くから着目し、演劇研究者の角田一郎らとともに神戸市や兵庫県の農村舞台研究の進展に貢献しました。

天彦根神社　下谷上農村歌舞伎｜**昭和 41**（1966）**年 10 月 29 日**

神戸市北区

『仮名手本忠臣蔵』六段目の身売りの場。役者は市川、片岡姓などの芸名を名乗っています。

天彦根神社　下谷上農村歌舞伎　農村舞台｜**昭和 41**（1966）**年**

天彦根神社　下谷上農村歌舞伎｜昭和 41（1966）**年**

『仮名手本忠臣蔵』三段目。早野勘平に文箱を渡す腰元お軽。

〈摂津・丹波〉

広済寺　近松祭｜**昭和 40**（1965）**年 11 月 21 日**

尼崎市久々知

広済寺は、近松門左衛門の墓所のある寺院です。

近松祭は、11 月 22 日の浄瑠璃作者・近松門左衛門の命日前後に行なわれます。本堂での法要後、近松の墓前での読経があります。文楽の人形遣いが操る人形が、焼香し、手桶で水を手向ける所作も行ないます。写真は、文楽の芸能奉納の様子で、現在は近松記念館のホールで上演されています。

西宮神社　おこしや（御輿屋）祭　神輿渡御｜昭和 40（1965）年 6 月 14 日

西宮市社家町・本町

西宮神社創祀伝承にちなんだ祭りで、祭神えびす大神（蛭児大神）の神像を拾った鳴尾の漁師に連れられて神社の地に鎮座する前に一休みしたとされる場所（御輿屋跡）へ、枇杷を飾った神輿が渡御します。

西宮神社　おこしや（御輿屋）祭　御輿屋跡にて

岡太神社　小松の一時上臈｜昭和 36（1961）年 10 月 11 日

西宮市小松南町

10 月に行なわれる岡太神社の秋祭では、赤と白の仙花紙を使って「一時上臈」とよばれる宝冠幣をつくります。神社の氏子区域は 2 つにわかれ、それぞれ北講と南講とよばれる決まった家の人びとが集まって宝冠幣をつくります。北講の宝冠幣は女性、南講は男性をかたどっていると伝えられています。祭りの当日には、お供え物を納めた長持の蓋の上に大きな藁の輪を載せ、宝冠幣を 15 本ずつ挿して神社に運んで神事を行ないます。この写真の行列は北講が前、南講があとになっています。現在行列は出なくなり、拝殿で供物と宝冠幣を供えて神事を行なうだけになっています。

文化 5（1808）年の『摂陽落穂集』には、供物を運ぶ男性がその年に村へ嫁いできた花嫁の衣装を着たため、「一時女郎（上臈）アヽおかし」と囃し立てたという記述があります。

次ページ
中山寺　星下り大会式《おおえしき》（8 月 9 日）　梵天奉幣｜昭和 35（1960）年

中山寺・星下り大会式…宝塚市

中山寺　星下り大会式　観音講の御詠歌｜昭和 40（1965）年 8 月 9 日

宝塚市中山寺

旧暦 7 月 9 日の夜に西国三十三所の観音が星に乗って中山寺に参集するといわれ、参詣すれば西国巡礼と同じ功徳があるとされます。この日に各塔頭の講の若者により梵天が奉納されます。

中山寺　星下り大会式　堂内で仮眠する参詣者｜昭和 35（1960）年

宝山寺　ケトロン祭り　燈籠｜**昭和 41**（1966）**年 8 月 14 日**

宝塚市大原野

本尊に奉納する燈籠を先頭に、大原野の少年で構成される 18 人（9 人 2 組）の念仏行人が、山門から本堂まで鉦と太鼓を叩きながら念仏を唱えて登ります。

宝山寺　大原野念仏会　念仏行人｜昭和 41（1966）年

宝山寺　大原野念仏会　盆踊｜昭和 41（1966）年

多田神社　源氏まつり（春季例大祭）｜昭和 37（1962）年 4 月 8 日

川西市多田院

　多田神社の春季例大祭に行なわれる源氏まつり懐古行列で、源氏ゆかりの武将や姫君などが登場します。現在も川西市の歴史・文化・観光を発信する行事となっています。

三輪神社　秋祭り　神楽（獅子舞）｜昭和 40（1965）**年 10 月 9 日**

三田市三輪

三田市内の獅子舞

兵庫県内には、伊勢大神楽系の獅子舞が分布しており、三田市はとくに盛んになる地域です。

三輪神社の秋祭りでは、荒神祓いや、獅子に天狗やひょっとこ、お多福が登場します。

三田天満神社でも、夏祭りや秋祭りに奉納されます。獅子神楽は天神、南区、西山の 3 地区から出され、荒神祓いのほかに、天狗、ひょっとこ、お多福と、猿が獅子にからむ演目があります。また、神輿渡御やだんじりの巡行があり、御旅所の大歳神社へ向かいます。

三田天満神社　秋祭り　獅子舞（御旅所：大歳神社）｜**昭和 40**（1965）**年 10 月 1 日**

三田市天神

三田天満神社　秋祭り　獅子舞とだんじり（御旅所：大歳神社）｜**昭和 40**（1965）**年**

三田天満神社・秋祭り…三田市

三田天満神社　秋祭り　御旅所・大蔵神社の神事｜昭和 40（1965）年

前ページ
三田天満神社　秋祭り　巡行中のだんじり｜昭和 40（1965）年

熊野新宮社　八朔祭　山車と造り物｜昭和 41（1966）年 8 月 31 日

篠山市二之坪

　野菜を棚に供えて、その出来を各村の若者が競い合ったのが始まりで、延宝年間（1673〜81）から屋台に載せるようになったといわれます。７つの集落がそれぞれ独自の趣向を凝らした造り物を載せた山車を出します。

熊野新宮社　八朔祭　造り物｜昭和 41（1966）年

近松門左衛門の『国性爺合戦』の主人公和藤内（鄭成功）です。

次ページ

熊野新宮社　八朔祭　宵宮　造り山｜昭和 41（1966）年

篠山市…熊野新宮社・八朔祭

〈追儺式《ついなしき》・鬼追い式〉

妙法寺　追儺式　鬼の面｜昭和38（1963）年1月3日

神戸市須磨区

宮中では大晦日に疫病などを祓って新年を迎える儀礼が行なわれ、追儺とよばれていました。現在も年頭に寺院で行なわれる修正《しゅしょう》会《え》や節分に、鬼が登場する鬼追いが行なわれます。とくに兵庫県の摂津や播磨地方では、盛んに行なわれており、手に松明や槌・斧などを持った鬼が登場して堂内で踊ります。餅を供え、鬼の花とよばれる造花を飾るなど、豊作を祈る儀礼です。

妙法寺　追儺式　鬼｜昭和 38（1963）年

妙法寺　追儺式　子鬼｜昭和 38（1963）年

明王寺　追儺会｜昭和 37（1962）**年 1 月 4 日**

神戸市垂水区

明王寺の追儺式には、太郎鬼・次郎鬼・婆々鬼の三鬼と４匹の子鬼が登場します。子鬼はシャガマとよばれる白紙でつくった紙垂《しで》の束を被り、樫の棒で床を突いたり、互いに棒を打ち合わせたりします。鬼踊りの間に、内陣の台に置かれた鏡餅を鬼たちが槌《つち》や松明などでたたきます。

明王寺　追儺会｜昭和 37（1962）**年 1 月 4 日**

明王寺　追儺会｜昭和 37（1962）年 1 月 4 日

多聞寺　鬼追い式｜昭和39（1964）**年1月5日**

神戸市垂水区

1月5日の多聞寺の鬼追い（追儺式）では、身体に藤の蔓を巻きつけて槌《つち》・鉞《まさかり》・鉾《ほこ》を持った太郎鬼・次郎鬼・婆々鬼の3匹の親鬼と、長い赤熊《しゃぐま》を被って細い棒を持つ4匹の子鬼が登場して踊ります。燃える松明を振りかざし、堂内に飾られた紅白の紙を枝につけた花や餅を、見物人たちに撒いて厄を祓います。

多聞寺　鬼追い式｜昭和 39（1964）年

鶴林寺　修正会　鬼の花｜昭和37（1962）年1月8日

加古川市加古川町

1月8日の修正会悔過《けか》法要のあと、本堂の内陣でその年の豊作が占われます。須弥壇《しゅみだん》の前の大机に月の数の土器に灯明を灯して天気を占ったのち、細い竹を赤紙で巻き、白い紙でつくった桜の花を数枚ずつ貼り付けた鬼の花（穂草）を持った僧侶が須弥壇を一周します。鬼の花は3本あり、その垂れ具合で早稲《わせ》、中稲《なかて》、晩稲《おくて》の作柄を占います。

それが終わると、左手に斧、右手に松明を持ち、槌を背負った赤鬼、鉾と松明を持った青鬼、樫の棒を持った子鬼が堂内に現れて堂内の子どもたちを追い回します。最後は内陣の東側に吊された鏡餅を、鬼が手に持った斧や槌で突き落とします。

鶴林寺　修正会　鬼と参詣者｜昭和 37（1962）年

鶴林寺　修正会　鬼の子どもたち｜昭和 37（1962）年

長田神社　節分祭　肝煎り｜昭和 35（1960）**年 2 月 3 日**

神戸市長田区

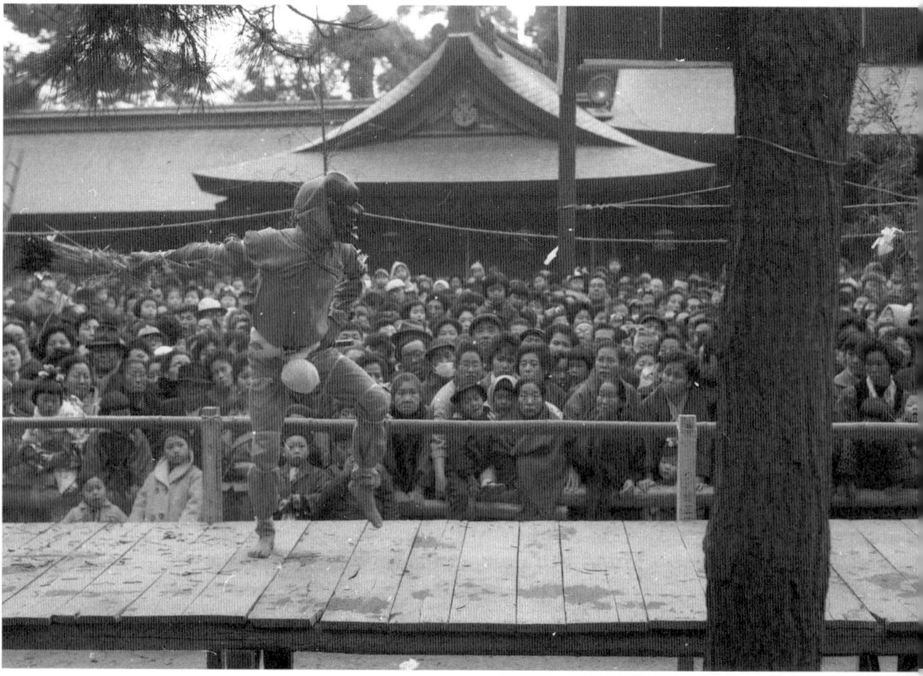

長田神社　追儺式神事　鬼｜昭和 35（1960）**年**

近江寺　修正会｜昭和 38（1963）**年 2 月 11 日**

神戸市西区

近江寺　修正会

｜昭和 38（1963）**年**

近江寺の鬼は、鬼の花とよばれる造花を持って踊ります。これを持ち帰って家の軒先に挿すと、厄除けになるといわれています。

松原八幡神社・秋季例祭（けんか祭り）…姫路市

〈播磨・淡路〉

法界寺　別所公法要・絵解き｜昭和 38（1963）**年 4 月 17 日**

三木市別所町

豊臣秀吉の兵糧攻めに敗れた別所長治を供養する法要が、菩提寺の法界寺で営まれます。その際、3 幅の「三木合戦図」を使って絵解きが行なわれます。

前ページ

姫路市　松原八幡神社　秋季例祭　（灘のけんか祭り）

屋台（宮入）｜昭和 38（1963）**年 10 月 14～15 日**

姫路市白浜町

大宮八幡宮　秋祭り　屋台宮入り｜昭和 36（1961）**年 10 月 17 日**

三木市本町

　三木の秋まつりと称される大宮八幡宮と岩壺神社の秋祭りでは、屋台（布団太鼓）の巡行があります。大宮八幡宮では、8 地区の屋台が 85 段の石段を担ぎ上げられる宮入が行なわれます。岩壺神社では 6 地区から屋台が出されるほか、小学生による浦安の舞の奉納や相撲大会が行なわれます。

大宮八幡宮　秋祭り　屋台宮入り｜昭和 40（1965）年

大宮八幡宮　秋祭り　屋台の巡行｜昭和 36（1961）年

岩壺神社　秋祭り　屋台と境内｜昭和 40（1965）年 10 月 17 日

三木市岩壺

岩壺神社　秋祭り　子供奉納相撲｜昭和 40（1965）年

金物神社　鞴《ふいご》祭り｜昭和38（1963）年12月8日

三木市上の丸町

　鍛冶屋の安全と金物の発展を祈願する鞴祭りです。金物神社での神事の後、火入式として古式鍛錬が行なわれます。

金物神社　鞴祭り｜昭和38（1963）年

上鴨川住吉神社　秋祭　宵宮の長床行事　若い衆の盃｜**昭和 36**（1961）**年 10 月 4 ～ 5 日**

加東市（旧社町）上鴨川

田楽など、中世芸能の遺風を伝える民俗芸能が広く知られている祭りです。本殿や小社を若い衆が巡拝する宮メグリから、それに続く宵宮の座、翌日の本宮の神事舞まで一連の儀式の写真が残っています。

上鴨川住吉神社　秋祭　当家宅のオハケサン｜昭和 36（1961）年

前ページ
上鴨川住吉神社　秋祭　宵宮　おかぐら｜昭和 36（1961）年

上鴨川住吉神社　秋祭　宵宮　リョンサンの舞｜昭和 36（1961）年

上鴨川住吉神社　秋祭　本祭　長床行事　枝豆を食べる｜昭和 36（1961）年

上鴨川住吉神社　秋祭　神事舞・父尉《ちちのじょう》｜昭和 36（1961）年

加西市…北条町住吉神社・北条節句祭

住吉神社　北条節句祭（4月）　化粧屋台の町廻り｜昭和 39（1964）**年**

加西市北条町

北条節句祭では、御旅所の大歳神社への神輿渡御に、各地区から出される太鼓屋台 14 基が随行します。4 月 3 日の神輿還御の際に、御旅所と住吉神社で竜王の舞、住吉神社で鶏合わせが行なわれます。

上の写真で、モーニングコートに山高帽、ステッキを手にした宮総代が屋台を先導していますが、現在も同じ姿で登場します。

前ページ

住吉神社　北条節句祭　屋台練り｜昭和 41（1966）**年 4 月 3 日**

住吉神社　北条節句祭　鶏合わせ｜昭和 39（1964）年

境内の勅使塚で、片手で高く差し上げたニワトリを 2 度見合わせる儀式で、争い事の終息を祈る意味があるとされています。

住吉神社　北条節句祭　竜王舞｜昭和 41（1966）年

住吉神社　北条節句祭　竜王舞｜昭和 41（1966）年

義士祭　義士行列｜昭和 38（1963）**年 12 月 14 日**

赤穂市

　赤穂義士の討ち入り行列を再現する義士祭は、明治 36（1903）年に始まって 100 年以上続いています。

義士祭　獅子舞｜昭和 38（1963）**年**

淡路市（旧淡路町）…石屋神社・浜芝居・恵美須舞

石屋神社・浜芝居・恵美須舞…淡路市（旧淡路町）

石屋《いわや》神社　浜芝居　恵美須舞｜昭和38（1963）**年3月17日**

淡路市（旧淡路町）岩屋

「浦祈禱・祈願祭　浜芝居」は、現在3月第2日曜に行なわれています。1年の豊作・豊漁を祈る石屋神社の祭礼で、午前中は恵比須様と神輿を載せた船が海上に出て鯛を放流し、午後は境内で恵比須舞が奉納されます。写真のころは、人形で演じられていましたが、現在は人に代わっています。

前ページ

淡路市　石屋神社　浜芝居（3月）｜昭和38（1963）**年**

淡路市（旧淡路町）岩屋

石屋神社　浜芝居　恵美須舞｜昭和 38（1963）**年**

伊弉諾神宮…淡路市（旧淡路町）

伊弉諾《いざなぎ》神宮　例祭　だんじりと舟だんじり｜昭和 37（1962）**年**

前ページ

伊弉諾神宮　例祭　だんじりと子ども神輿

｜昭和 37（1962）**年 4 月 22 日**

淡路市多賀

淡路国一宮で、10 基のだんじりが宮入りをします。本殿前で、だんじり唄を奉納しながら大きく上下左右に揺らす練りあげが行なわれます。なかでも約 7 メートルの舟だんじりの練りあげは、迫力があります。

三村幸一撮影の写真資料

澤井　浩一

一

大阪城本丸内にあった大阪市立博物館が閉館する約一年前の二〇〇〇年二月、大阪で活動した写真家、故三村幸一（一九〇三〜一九九八年）撮影の写真資料寄贈の申し出をそのご子息よりいただいた。その資料はあまりにも厖大であった。四ツ橋で銘木商を営んでいた三村の作業場に、多くの段ボール箱に入れられた写真アルバム類が収集した民俗資料や芸能関係資料とともに保管されていた。あまりに多数のアルバムであったため一時預かりとし、寄贈に向けた資料整理を行なうこととなったが、大阪歴史博物館（当時は〔仮称〕大阪市立新博物館・考古資料センター）開館に向けた準備作業のさなかで整理は進まず、大阪歴史博物館開館後の二〇〇七年度にようやくアルバム単位レベルの整理を終えて、拝受の手続きを完了させていただいた。

三村幸一は民俗写真より、むしろ文楽等の芸能関係の写真で知られた存在であるが、二〇〇九年夏の特別展「大阪の祭り―描かれた祭り・写された祭り―」では、その写真を活用した展示を行なった。また、大阪歴史博物館の講座や近畿民俗学会例会でその資料群について紹介するなどしてきた。こうした活動から、関西大学大阪都市遺産研究センターでのデジタル化プロジェクトに結びつけていただくことができ、本書の出版に至っている。

二

三村幸一の著作である『化粧地蔵こどもの神さま』（昭和四十八〔一九七三〕年）や、『神楽面』（昭和五十〔一九七五〕年）によれば、三村は明治三十六（一九〇三）年に広島で生まれ、大正十二（一九二三）年に東京川端画学校中退、昭和十二（一九三七）年に第十二回写真美術展にて文部大臣賞受賞とあり、所属団体として近畿民俗学会会員、全日本写真連盟名誉会員、全日本報道写真連盟委員をあげている。ご家族の話では、大阪での生活は関東大震災で東京から大阪・港区に移ってからとのことであった。代表的な著書に、『文楽』『近松の世界』『カラー文楽の魅力』があり、三村のライフワークには人形浄瑠璃・文楽の撮影がある。子どもの頃から父親の影響で義太夫に親しんでおり、三村自身の家は四ツ橋文楽座近くで銘木商を営んでいたようなので、文楽は身近な存在であったはずである。浄瑠璃の人形との出会いは、昭和十四〜五（一九三九〜四〇）年ごろ、道頓堀近くの商家で売られていた淡路人形の首を収集したことに始まる。これをきっかけに、画家で文楽研究家でもある斎藤清二郎に、人形の首について教えを受け、また同じ大阪写真研究会に在籍していた入江泰吉に文楽に連れていってもらい、撮影を行なうようになったという。

戦時中は、徴用で中部軍の報道班員（カメラマン）として働いたが、昭和二十（一九四五）年の第一次大阪空襲で自宅や撮影したフィルムは焼失した。終戦後、神戸の大丸で焼け残ったフィルムなどで文楽写真展を開催し好評を得て、また入江泰吉が奈良へ移住したこともあり、四ツ橋近くに居住する三村への文楽撮影の要請は多かったようである。文楽の研究者である大西重孝と文楽の人形の型の撮影をおこなうなど、研究者の資料撮影を大いに助けた。当時貴重であったフィルムを惜しげもなく使い、数で勝負する撮影方法であったので、残されたフィルムは当然厖大な数になった。
三村はその後、民俗学と出会う。昭和三十（一九五五）年ごろ、五十歳を数えてから近畿民俗学会に入り、民俗に深い関心を寄せるようになった。朝日新聞記者で民俗芸能研究者でもある錦耕三に同道した若狭地方の盆調査で出会った地蔵は大きな衝撃であったようで、路傍の石像を撮りまくり、『化粧地蔵こどもの神さま』の刊行につながった。

三

大阪歴史博物館所蔵の三村幸一写真資料の写真点数は、四八七一点（フィルム一本分を一ページに納めたアルバムのページ数を一点として）、ポケットアルバム（ネガフィルム付属）は五百三冊（主として文楽・歌舞伎）に及ぶ。ただし、スライドになっているポジフィルムはこの数に入っていない。カット数では数万単位になることが予想される。撮影ジャンルは、芸能（文楽、歌舞伎、能、舞踊、松竹家庭劇・新喜劇など）、民俗、風景（大阪、地方、まちあるき）、撮影会（ヌード等含む）、プライベート（恩師、親族、セルフポートレイト）などで、撮影時期は、昭和二十年代～平成五（一九九三）年の範囲に収まる。プライベート写真のなかには、近畿民俗学会忘年会（昭和三十六〔一九六一〕年）なども含まれていた。最も大きな比重を占めるのは芸能分野であり、半数以上にのぼる。民俗関係はその次で、全体の四分の一から三分の一程度となっており、残された写真数は三村の撮影経歴をそのまま反映している。ただ、文楽については戦後の古い時期のものは失われ、昭和五十年代以降がほとんどである。
三村の昭和四十年代ごろまでのモノクロネガアルバムについては、非常に詳細に整理されているのが特徴で、写真の同定がしやすく、利用価値が高いものとなっている。例えば、年代別に編集されたアルバムの冒頭には、インデックスが完備されており、何ページにどのような行事の写真があるということが、大体検索できる状態である。

また、このネガアルバムは、民俗写真では調査ノートを兼ねており、現地での調査メモや、収集したパンフレットや祭りの予定表、あるいは論文等々の資料までが貼り付けられ、あるいはアルバム台紙に書き付けられている。芸能写真では公演記録が添付されている。フィルムを整理し直した場合でも、この古いアルバム自体の保存を検討する必要もある。

　この資料群は、三村幸一という写真家の戦後の活動を物語るだけでなく、戦後の芸能や民俗の貴重な記録である。祭りを中心とする民俗写真のデジタル化はアルバム十七冊、約四万カットまで進んだ。全体からすればまだほんの一部に過ぎないが、課題であったその活用に向けての大きな一歩となった。

三村幸一が撮った民俗写真から五十年

吉野　なつこ

三村幸一は、文楽写真家として知られた人物であるが、一方で、祭りや民俗行事にも興味を持ち、精力的に全国各地へと撮影に赴いた。また、民俗学の学術調査に同行し、記録のために撮影した写真を研究者や雑誌に提供した。本稿では、三村が撮影した膨大な祭りの写真から二つの行事を取り上げ、撮影から約半世紀が経ち、行事がどのように変化したのかを、三村のネガアルバムに添付されている三村の調査メモと、現地調査での聞き取りを手掛かりに追ってみたい。

まずひとつめに紹介する行事はきつねがえりである。子供たちが集落から害獣の象徴であるきつねを追い出して福を招く小正月の行事で、同様の行事は福井、京都、兵庫、鳥取にかけて広く分布し、現在大阪府内では、能勢町天王だけで行なわれている。

八九ページ上段の写真は、昭和三十九（一九六四）年に撮影された大阪府豊能郡能勢町天王のきつねがえりの様子である。橋を渡り、これから集落の各家へと向かう子どもたちの楽しげな表情を、鮮やかに切り取っている。

三村の調査ノートによると、昭和三十九年の行事の流れは次の通りである。

子供たちは、家で作った幣を手に午前二時頃区長の家に集まり、区長が作った藁きつね（八八ページ上段）を受けとると、それを先頭にして集落の上手から一軒ずつ家をまわる。各家の庭では、「われはなにをするぞいやい　きつねがえりをするぞいやい　きつねのすしを　いくおけつけて　ななおけながら　えん　えん　ばっさりこ　貧

橋で唄を唱う｜平成 26（2014）年

乏きつね追い出せ　福きつね追い込め」と太鼓を叩きながら唱い、手に持った幣を振る。幣は振るたびちぎれて落ちるが、家人はそれを「福の神」といって拾って神棚に祀る。各家からは三十円から百円をご祝儀として貰う（八八ページ下段）。日暮れまでかけてすべての家をまわると、藁狐の口に十円玉を一枚挟み、橋の上から投げて川へ流す。昭和六（一九三一）年生まれの男性の話によると、その後区長の家で茶菓子をごちそうになり、お金を分配してもらって家路についたという。

それでは、現在の行事はどのように変化したのだろうか。平成二十六（二〇一四）年に行なわれたきつねがえりの様子から比較してみたい。十四日の行事であったきつねがえりの日程は、成人の日に変更されており、平成二十六年は一月十三日に行なわれた。子供たちは午前十一時三十分に天王神社に集合し、神社の前で二回唄を唱った後に出発し、短い休憩を挟みながら、十七時ごろまでかかって各家をまわる。唄の歌詞は昔と変わらず、家人が在宅している場合は二回唄を唱い、五百円から千

各家を訪れる子どもたち｜平成26（2014）年

円程のご祝儀を貰い、代わりに幣をちぎったものを手渡す。留守の家では一回唄を唱って次の家へ行く。最後にきつねの口に五円玉を挟み、川へ流す。

昭和三十九年と比較すると、行事の内容にはほとんど変化はみられないが、大きく異なる点は、行事に女児も加わるようになったことである。三村の調査ノートによると、昭和三十九年当時は、七歳から十二歳の男児が行事に参加していた。昭和十一（一九三六）年生まれの男性から伺った話によると、自分が子どものころは、子どもの人数が多かったため、幼稚園から小学校四年生までの男児が一軒につき一人だけ行事に参加したという。現在は幼稚園から中学三年生までの男女が行事に参加することができ、平成二十六年は十一人の子供が参加した。しかし、少子化によって年々参加者が減少しており、きつねがえりはいま存続の危機にある。

次に紹介する行事は、兵庫県神戸市西区押部谷町木津・顕宗仁賢神社の講頭《こうど》である。兵庫県には、一年に二度、春と秋に集落の人びとが神社や寺に集まって集団で

復元してもらったオオトシ

祈願したあとに直会をする「オトウ」とよばれる行事が広く分布しており、木津では同様の行事を講頭とよぶ。では、昭和三十八年に書かれた三村の調査ノートから当時の様子をみてみよう。

一月二日、講頭の参加者は、オオトシと呼ばれる約一メートルの榊に小石を一つ入れた藁苞《わらつと》を二つくくり付けたものを持参し、神社の前に立てかけておく。参加者は神社の横の長殿に長方形に座し、シュウシと呼ばれる直会をする。直会では、アマノウオと呼ばれるするめを小さく切って丸めたものや、白餅、米を蒸したもの、伊勢講の土産などが配られた。直会の最中に神社の前に子供たちが集まり、一人に一本ずつオオトシを持つ。大人一人が長殿の外に出て、「オオトシ、ハナドシ、ヨイヨイワ」と繰り返し音頭を取り、それに合わせて子供たちがオオトシの茎で地面を叩く（一五一ページ）。この時オオトシの葉が落ちるほど豊作であるといわれた。シュウシが終わると、約四十センチメートル四方の四角い板にイノシシと鹿の絵を描いた的を射て、行事を終える（一五二ページ上段）。オオトシは各自が持ち帰り、苗代に種籾を蒔く時に苗代田に立てたという。

この行事は現在どのように変化したのだろうか。平成二十三（二〇一一）年の現地調査では、講頭は一月二日に行われているが、オオトシで地面を叩く行事は廃絶されていた。また、かつては三十軒程の特定の家だけが行事に

講頭の弓射ち｜平成 23（2011）年

参加し、六人ずつが行事の当番にあたっていたが、現在は集落内の五つの隣保を単位として順番に当番をつとめる形へ変わっている。弓射ちは以前と変わらない形で行われているが、シュウシは仕出しの弁当を食べるようになるなど簡略化されている。

木津と同様に、年頭に神社や寺などに常緑樹の枝を持ち寄り、その枝を振ったり叩いたりすることによって豊作を祈願し、その枝を家に持ち帰って苗代田の水口に挿す行事は、兵庫県南部を中心に、大阪府、京都府などでもあったが、現在はその多くが廃絶されている。その理由として、宅地化によって田が減少したことや、生業の変化によって稲作の重要度が下がり、豊作祈願を必要としてなくなったこと、苗代田で稲の苗を栽培せず、農協で購入するようになって、苗代田自体がなくなったことなどが挙げられる。

三村が撮影した写真には、現在も変わらずに続いているもの、すでに廃絶したものなど様々な行事が含まれており、当時の様子を記録した貴重な資料となっている。

あとがき

澤井　浩一

三村幸一撮影の写真資料は膨大である。本書の別稿の文章では、フィルムを惜しげもなく使用する撮影スタイルに触れたが、文楽研究で三村に撮影を依頼した吉永孝雄は『カラー文楽の魅力』（一九七四年）の「三村さんとの出会い」において次のように述べている。

　三村さんは他の人と違って何十枚も何百枚も惜しげもなくパチパチと撮られるので、出来不出来はとも角として型の研究をしている私にとってはほんとうに有難かった。

数多くシャッターを切り、また他人の目を気にせず撮影し、熱中すれば被写体にかぶりついて動かない、迷惑だがどこか憎めない、三村はそんな雰囲気を持つカメラマンであったらしい。大阪市立博物館時代の先輩学芸員から、文楽の調査の際に、舞台の前に陣取る三村に出会い、全く動いてくれないので困ったという話を聞かされたが、これこそ三村の撮影スタイルであった。

また三村の撮影活動そのものが非常にアクティブであったことも、多くの撮影フィルムを蓄積させることになった。昭和三十四（一九五九）年の「祭1」のネガアルバムに記されたインデックスをみると、一月十日に今宮十日戎、十一日には山崎聖天でチョロケンの撮影、続いて四天王寺の手斧始め、十三日には杭全神社の御田植神事、十四日には四天王寺どやどや、十五日には難波八阪神社の綱引神事と続けざまに撮影に出向いている。その後はしばらく期間が空いていたりするが、各アルバムに記された記録の随所にこうした濃密な撮影スケジュールがみられるのである。

このようにして撮影された膨大な写真資料を寄贈いただいた後は、博物館としてその活用が大きな課題となった。細々と自力でスキャニング作業した写真を展覧会でパネル展示し、館内の講座や、三村も所属した近畿民俗学会例会での報告などで活用を模索していたなかで、関西大学から撮影フィルムのデジタル化について協力の申し出をいただいた。

文部科学省私立大学戦略的研究基盤形成支援事業に「大阪都市遺産の史的検証と継承・発展・発信を目指す総合的研究拠点の形成」プログラムを申請するなかに、三村撮影写真のデジタル化プロジェクトも計画され採択に至り、二〇一〇年四月に関西大学大阪都市遺産研究センターが設立された。センターの非常勤研究員として、大阪歴史博物館から澤井が参加する形でこの三村撮影写真のデジタル化作業はスタートし、二〇一五年三月までの五か年間にセンターのスタッフの皆さんの力によりモノクロネガフィルムのスキャニングが進められた。その成果として、計十七冊のネガアルバムをスキャンし、約四万カットのデジタル画像を得ることができ、リストの整理も進められた。成果の一部は、プロジェクトの進行と並行して左記の写真展で公開されている。

写真展「三村幸一が撮った大阪の祭り―大阪歴史博物館所蔵写真から―」関西大学リサーチアトリエ（天神橋筋商店街内）、二〇一三年七月十〜十五日（関西大学大阪都市遺産研究センター・大阪歴史博物館主催、関西大学社会的信頼システム創生センター共催）※同時開催として大阪歴史博物館常設展示内でも三村の写真展示を実施写真展「三村幸一が撮った日本の祭り―大阪歴史博物館所蔵写真から―」関西大学大阪都市遺産研究センター一階セミナー室、二〇一三年十一月十六〜二十九日（関西大学大阪都市遺産研究センター・大阪歴史博物館主催）

写真展「大阪のてっぺん　能勢の文化遺産―大阪歴史博物館所蔵　三村幸一撮影写真から―」浄るりシアター（大阪府豊能郡能勢町）、二〇一四年十二月十七日〜二〇一五年一月二十五日（関西大学大阪都市遺産研究センター・大阪歴史博物館・能勢町主催）

こうした成果報告の一環として、本書の刊行に至った。大阪歴史博物館と共同でプロジェクトを進めた関西大学大阪都市遺産研究センターは、二〇一五年三月に活動を終了しているため、本書は、その後継機関の関西大学なにわ大阪研究センターと大阪歴史博物館の共編としている。収録された写真はデジタル化した成果のほんの一部であり、今後はこの写真データの公開等も検討していかなければならない。

三村幸一没後十九年、ご遺族から三村幸一撮影の写真資料寄贈の申し出をいただいてから十七年目にあたっての本書の刊行となった。たいへん長い時間を要した成果であるが、多くの方々のご協力がなければ実現しなかったものである。末筆ながら、本書の出版にご尽力いただいた清文堂出版株式会社代表取締役社長の前田博雄氏、編集をご担当いただいた松田良弘氏をはじめ、これまでの作業にご協力いただいたすべての皆様に厚く謝意を表したい。

昭和の民俗と世相①
—三村幸一が写した大阪・兵庫—

2018年2月9日　初版発行

編　者　大阪歴史博物館
関西大学なにわ大阪研究センター
発行者　前 田 博 雄
発行所　清文堂出版株式会社
〒542-0082 大阪市中央区島之内2-8-5
電話 06-6211-6265　FAX 06-6211-6492
ホームページ= http://www.seibundo-pb.co.jp
メール= seibundo@triton.ocn.ne.jp
振替 00950-6-6238

印刷：亜細亜印刷　製本：渋谷文泉閣
ISBN978-4-7924-1082-7　C0039